地道風物

顾问：陈晓卿
策划：周文力
执行策划：杨小肃 蒋延
专家指导：蒋廷瑜 覃彩銮 黄佩华

出品人：陈沂欢 欧杰 马蕾
出品：北京地道风物科技有限公司
品牌合作：郭颖谦
策划编辑：周晓红 董佳佳 张昭
责任编辑：周晓红 董佳佳 张婷 孙暘
图片编辑：何亮靓 吴越
地图编辑：程远 苏倩文
平面设计：何睦
封面摄影：林斌

GENUINE
GUANGXI

地道風物

广西

发现秘境广西，寻找『地道风物』

多年前初到广西，给我印象最深的是南宁街头，一大波摩托车从路口穿行而过的画面。那种陌生感，如同时空瞬间转换，很台湾，很越南，而一点也不“广西”。在很多人的印象里，广西是几个单薄的标签，比如桂林山水、柳州螺蛳粉。其实在广西大地，随处可见的一处处名不见经传的小山水都可媲美桂林，而柳州螺蛳粉不过是上世纪八十年代后才兴起的国民美食罢了。

为什么在人们的印象里与现实存在中，一个地方会有如此大的落差？这样的情况并不仅仅存在于广西。那么我们是否可以摈弃传统的视角与评判，用自己的方式，尝试发掘出一片土地最本质的真实吗？

一次旅行中被困机场六个小时，百无聊赖之下，“地”“道”“风”“物”在心中终于走到了一起，并开始了有生命的循环——“地”乃本源，地生万物，一切的一切从土地开始；“道”为法则，道法自然，规划构筑我们日复一日的生活；“风”化成典，世界丰饶而有序，万事万物各行其道，相互滋养，共生共荣；而与日常生活息息相关的，即是最平凡的“物”。如果按“地道风物”的次序，一步步深入考量，会有怎样的发现？

第一站，我们便把视线投向广西，与陈晓卿、杨小肃《秘境广西》纪录片团队一起，邀请《中国国家地理》杂志的作者及当地知名作家、学者，用了大半年的时间，从湘桂走廊的严关，一路南下到梧州、钦州；从红水河流域的乐业天坑，沿西江水系，抵达两广交界的梧州。我们看到一个丰富而多元的广西，是山水同鸣的旖旎风景，是古老越人的农耕传奇，是北回归线结出的天然硕果，是没有围栏的民族博物馆，是漓江上与鸬鹚共演的孤独渔民，是你手边的那碗米粉。

广西那道神秘的屏障终于被次第打开，山海河喀，壮瑶苗京，六堡垠兴……“地道风物”不再是字面的循环，它成为了一次鲜活的生命体验，刷新着你的意识、行为、所在和所用。

“大自然到底能否究诘呢？”从大地生长出来的，最终都回归人心。歌德的疑问或许永远得不到确切的解答。这一本并不厚的纸书，仅仅是一次分享，对自然、过往、生命、情感的探索与追寻，将是“地道风物”不变的使命。或许，每一个人都能找到自己内心向往的“地道风物”。

而我们的旅程，才刚刚开始。

陈沂欢

摄影

摄影_韦纳

摄影_滕磊

摄影 王文伟

目录

中国的盲点：广西 陈沂欢 012
我们不应该忽视广西 杨小肃 014

地

秘境广西的六个关键词 萧春雷 032
向下，读懂喀斯特 覃妮娜 044
黑暗里，透明的 李晋 054
深谷，幽兰 李晋 056
向北，丹霞美 覃妮娜 058
深入大瑶山 杨小肃 062

道

从盆地到海洋的突围 萧春雷 074
狰狞的母亲河 黄佩华 090
听，神的声音 蒋廷瑜 094
田田有鱼 魏怀宁 098
另一个双城记 包晓泉 104
黄金水道路遇千里粮仓 潘大林 114

風

高山汉，遁入桃源四百年 朱千华 120
与石头共舞 周鹿 130
洞穴人家 李晋 136
京族，海上牧歌 朱千华 142
曾经，巴马 黄土路 150
古建楹联共绵延 梁沃 156
蔗熟时节 苏静海 164

物

坭兴陶 坭土留香 李叶飞 176
壮锦 五色绒线杂以织 李叶飞 182
六堡茶 陈年茶事 李叶飞 188
龟苓膏 苦尽甘又来 罗金陵 194
凉茶 不仅是怕上火 潘大林 196
油茶 打出来的盛宴 曾小帆 200
东兰墨米 难伺候的长寿米 杨小肃 206
广西美食地理 陈晓卿 208
米粉 平和的广西人，任性的广西粉 曾小帆 214
五色糯米饭 自然有斑斓 冯翊明 222
粽 南北东西小大味道 曾小帆 226
广西菜 上天入海皆为食 曾小帆 230
鱼露 海之佳酿 朱千华 234
风吹饼 这饼真薄 朱千华 238
水果 北回归线上的香与蜜 冯翊明 潘大林 覃妮娜 240
巴马火麻 活到九十八 包晓泉 254
横县茉莉 岁月静好 冯翊明 256
红椎菌 童话里的红精灵 冯翊明 258

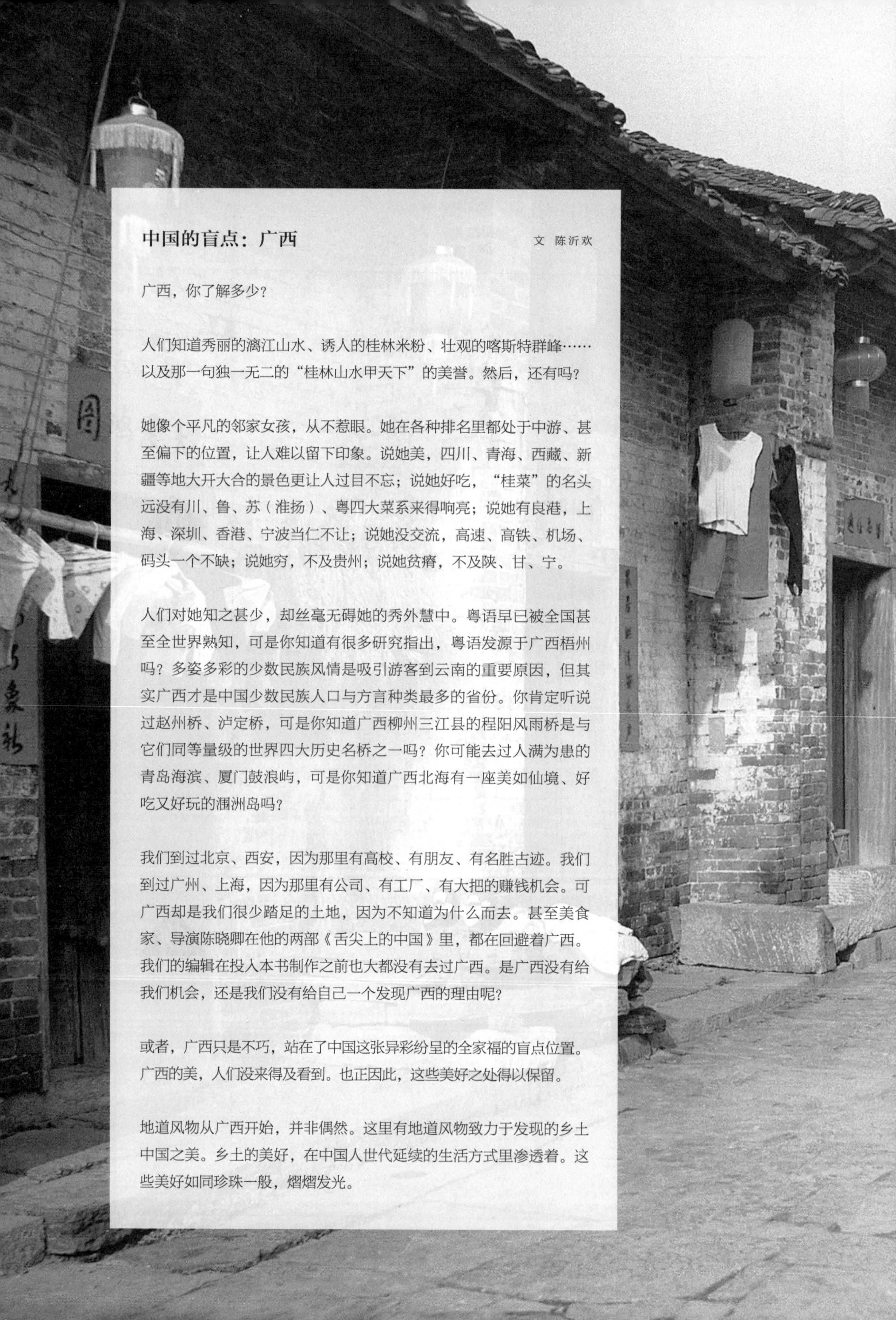

中国的盲点：广西

文 陈沂欢

广西，你了解多少？

人们知道秀丽的漓江山水、诱人的桂林米粉、壮观的喀斯特群峰……以及那一句独一无二的“桂林山水甲天下”的美誉。然后，还有吗？

她像个平凡的邻家女孩，从不惹眼。她在各种排名里都处于中游、甚至偏下的位置，让人难以留下印象。说她美，四川、青海、西藏、新疆等地大开大合的景色更让人过目不忘；说她好吃，“桂菜”的名头远没有川、鲁、苏（淮扬）、粤四大菜系来得响亮；说她有良港，上海、深圳、香港、宁波当仁不让；说她没交流，高速、高铁、机场、码头一个不缺；说她穷，不及贵州；说她贫瘠，不及陕、甘、宁。

人们对她知之甚少，却丝毫无碍她的秀外慧中。粤语早已被全国甚至全世界熟知，可是你知道有很多研究指出，粤语发源于广西梧州吗？多姿多彩的少数民族风情是吸引游客到云南的重要原因，但其实广西才是中国少数民族人口与方言种类最多的省份。你肯定听说过赵州桥、泸定桥，可是你知道广西柳州三江县的程阳风雨桥是与它们同等量级的世界四大历史名桥之一吗？你可能去过人满为患的青岛海滨、厦门鼓浪屿，可是你知道广西北海有一座美如仙境、好吃又好玩的涠洲岛吗？

我们到过北京、西安，因为那里有高校、有朋友、有名胜古迹。我们到过广州、上海，因为那里有公司、有工厂、有大把的赚钱机会。可广西却是我们很少踏足的土地，因为不知道为什么而去。甚至美食家、导演陈晓卿在他的两部《舌尖上的中国》里，都在回避着广西。我们的编辑在投入本书制作之前也大都没有去过广西。是广西没有给我们机会，还是我们没有给自己一个发现广西的理由呢？

或者，广西只是不巧，站在了中国这张异彩纷呈的全家福的盲点位置。广西的美，人们没来得及看到。也正因此，这些美好之处得以保留。

地道风物从广西开始，并非偶然。这里有地道风物致力于发现的乡土中国之美。乡土的美好，在中国人世代延续的生活方式里渗透着。这些美好如同珍珠一般，熠熠发光。

摄影＿韦纲

摄影 _ 韦纲

我们不应该忽视广西

文 杨小肃

广西自然环境和行政区划通常被概括成三大特点：『山、海、边』。山和海都好理解，『边』指的是边陲、边境，更含有『遥远』的意思。或许正是这个貌似平常的『边』字，使人们长期以来没有对广西这方水土予以足够的重视。

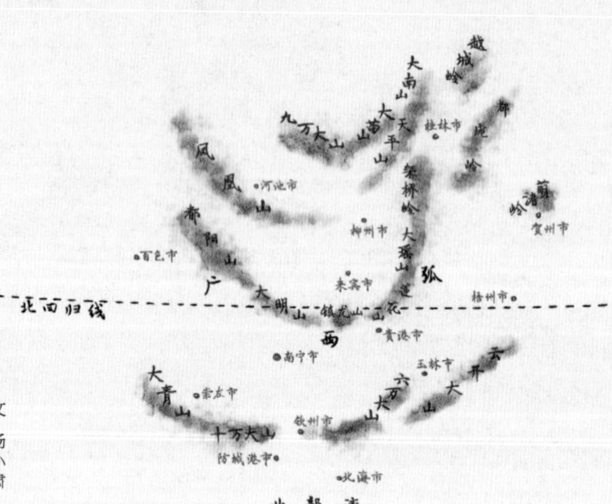

弧形山脉遮蔽的隐秘之地

在广西以外的许多地方，如果说到甘蔗、大米和荔枝，人们并不会立刻就想到广西是它们的主要出产地之一。如果有人突然问“广西在哪儿”，大概不少人立马会说“桂林”，甚至还会说出“桂林山水甲天下”这句套词。我们为此也常陷入困惑：人们何以对广西知之甚少？

纪录片《秘境广西》的这个片名，是总策划陈晓卿在两年多以前吟哦再三才确定下来的。之后，不少人对这个片名颇有微词——秘境？广西有吗？用来形容云南、西藏还差不多。经过近两年的拍摄，走遍广西大地之后，面对海量的拍摄素材，对“何谓秘境”的最佳解释，仍是我们团队最大的困扰。

拍摄期间，我们的三个摄制组一次次穿过层峦叠嶂、急流峡湾，固执地把诸如丘陵、河谷、滩涂、喀斯特这些地理词汇与画面“粘贴”在一起。一次次告别壮乡、走进苗寨，旋即又告别瑶寨走进侗乡，强迫症似的把诸如“峒”、“冲”、“岜”、“弄”、“那”一类壮语记音的地名，与山间平地、小溪流、石山、石山间的小平地、水田这些自然状貌联系起来。

渐渐地，我们开始对脚下的土地有了亲近之感。

天地生万物，一切“秘”均有赖于这个“地”而生。“广西盆地”只是对广西地貌的笼统说法，而广西盆地里最与众不同的地方，就是那四组天赐的弧形山脉——这四道巨大的“弧”，几乎覆盖广西全境。

这种地形在沿海诸省十分罕见。我们不禁放胆猜想：广西这四道“弧”，难道正是广西人仰仗天赐、生生不息却又苦乐其中的“秘境”所在？

广西这四道弧形山脉中，有一道最为特殊，在广西大地布下了优美的弧线，且这条弧线正好位于广西全境的黄金分割线上，是一条“黄金弧”——她就是四道弧中的第三弧：都阳山–大明山–镇龙山–莲花山–大瑶山–架桥岭，地质学家李四光将她命名为“广西弧”。

1941年抗战期间，李四光和他所在的国立中央研究院地质研究所为广西绘制1∶25万地形图时，发现了这些奇妙的弧形山脉。这些发现帮助李四光最终创立了他的地质力学。

这道黄金弧的两侧，还穿梭着广西最大的两条河流：北侧是红水河－黔江，南侧有右江－邕江－郁江。他们在桂平汇合成为浔江－西江。不仅如此，还有一条颇为神秘的地理纬线——北回归线，在这一带“时隐时现”。要知道，北回归线在中国穿过粤、桂、滇、台四个省，恰好处在亚热带季风气候区，而这种水热条件的重合就意味着物产的特殊性——拥有独特和丰富的物产。

也许是巧合，70多年后，我们在寻找广西秘境的时候才“误撞”了李四光早年的视角。

这样一个“非典型”视角对于我们的拍摄究竟意味着什么呢？

最好吃的荔枝只生长在北回归线附近地区。

合浦，海上丝路始发港

尽管在2 200多年前，秦始皇就统一了地处岭南的两广地区，然而，对于中原居民而言，广西人民还是住得远了点。

地处僻壤，交通不便，仍然是广西一域容易被人忽视的原因之一。

事实上，虽有南岭这个巨大的地理障碍横亘在中原和岭南之间，我们的先辈却从来没有停止过疏通、翻越的工作。他们巧妙利用山脉分水岭的低洼之处，手凿脚踏，持之以恒，在广西周围造就了无数“天梯鸟道”和许多商旅小径。在秦始皇征服百越的战争中，一条人工运河——灵渠出现在桂北越城岭下的湘桂走廊。

除灵渠外，桂林还有开凿于唐代长寿元年（692年）的全长16公里的相思埭运河，因为它串通着桂江和柳江，因此也叫“桂柳运河”。从桂北的灵渠到桂南的北部湾海岸，还有一条鲜为人知的古代交通“主干道”，在很长的一段岁月里，它一直是海上丝绸之路在广西陆地上的延伸。

“丝绸之路”这个称呼是德国地理学家李希霍芬首先提出来的，1877年，他在《中国——亲身旅行和据此所作研究的成果》一书中，记述中国经西域到希腊、罗马的陆上交通线时，首次用了“丝绸之路”（seidentrassen）之名，并在一张地图上标注出“丝绸之路”。1967年，日本学者三杉隆敏在《探索海上丝绸之路——东西陶瓷的交流史》一书中，提出“海上丝绸之路”，以区别于人们通常认识中的陆上丝绸之路。

有专家说，丝绸之路的海路比陆路要早，据中国古籍记载，早在公元前111年至公元220年，合浦郡就以海上丝绸之路始发港的身份，将汉王朝的丝绸、瓷器、珍珠、茶叶转运到东南亚、南亚、西亚、北非和欧洲，也把来自域外的象牙、琉璃、海贝乃至广西的荔枝、龙眼输送到内地。

汉代合浦郡管辖桂东南、粤西南以及雷州半岛和海南岛等地，郡治初在徐闻县，后迁合浦县，就在今天的合浦县城附近。东汉班固的《汉书·地理志》记载：当时合浦郡“户万五千三百九十八，口七万八千九百八十”。合浦郡辖5个县，而管辖12个县的郁林郡（即秦代桂林郡），仅1.2万余户。

多年来，广西考古学者对“地下”合浦的勘查令人大开眼界。目前仅合浦的廉州镇周围，地面有封土迹象的汉墓就达1 000余座，估计汉墓总数在一万座左右，而且大多是西汉至东汉期间的墓葬。

在合浦的那些令人期待的发掘中，最为精彩的是1971年发掘的望牛岭1号墓，墓中出土一对独具南方特色的錾刻纹青铜凤灯，后被定为国家一级文物。此墓出土的两只陶筒，内壁写有“九真府”和“九真府口器”字样，专家推测墓主人可能是九真郡太守——九真郡与合浦郡均属于汉武帝设立的“岭南九郡”。

众多的汉代墓葬和耀眼夺目的出土文物表明，两千年前的合浦曾是一座繁华宜居的商贸城市，不仅在当地聚集了很旺的人气，并且在很长一段时间里为国人所倚重。

一去一万里，千之千不还。
崖州何处在，生度鬼门关。

去国怀乡“鬼门关”

秦汉以来，尤其到唐宋，广西就是流人迁客主要的贬谪发配之地，或许正因为如此，“瘴毒魑魅”之类异闻奇事成就了千余年来“传说中的广西”。

东汉初年，伏波将军马援率大军南征，走的是湘江—灵渠—桂江—西江—北流河—南流江—合浦这条“主干道”。这场长达三年的军事行动，为这条古道上留下了许多跟马援有关的地名，比如北流市的“歇马岭”，博白县的“饮马江”，玉林市的“石柱坡”，南流江上游的“马门滩”等等。不过，马援此行可能倒是让另一个地名“威震”中国——那就是“鬼门关”。

据清代汪森所辑《粤西文载》记载：“鬼门关在（博白）县西十里，两山相对，间阔三十步。马援讨林邑，蛮路由于此。立碑、石龟尚存。往来交趾，皆由此关。”历史上曾有两处“鬼门关”，位于玉林市东面的北流“鬼门关”，1429年改称“天门关”，如今高速公路贯通，原貌不存。而玉林市西面的博白县“鬼门关”，早在1371年改称“桂门关”，“鬼”已无迹可寻。

有意思的是，许多贬谪岭南的文人墨客但凡见到这三个字，去国怀乡、前途渺然之感便油然而生。初唐大诗人沈佺期从京师洛阳被贬往驩州（今广西崇左县），途经鬼门关，写下一首《入鬼门关》，诗中有这样的句子：“昔传瘴江路，今到鬼门关。土地无人老，流移几客还。”

不过，流传最广的鬼门关诗作是杨炎的《流崖州至鬼门关作》：“一去一万里，千之千不还。崖州何处在，生度鬼门关。”此诗在《崖州志》里被记为唐代被贬到崖州（海南岛）的宰相李德裕所作，甚至还有人说是苏东坡被贬崖州时写的。后经郭沫若等人考证认为，早李德裕67年被贬崖州的唐代著名理财家杨炎才是这首诗的作者。不过，生度鬼门关的杨炎还没赴任崖州司马，就在途中被赐死。

对于历代流寓广西的官宦迁客而言，贬谪是惩罚，也是以观后效。总之，作为启蒙化育、传播主流文化和价值观的士大夫群体，他们在广西的许多故事，被传诵至今。

1 500多年前的南北朝时期，著名文学家颜延之贬谪桂林，任始安郡昔传瘴江路，今到鬼门关。
土地无人老，流移几客还。

太守。也许因为他是一位大文人的缘故，颜太守在桂林独秀峰下读书的故事，便流传了下来。但是颜延之最值得广西人称道的，还是首开了文化风尚。

广西文学评论家黄伟林认为有三种影响应该算在颜太守身上：一是让广西人领会了自然山水独具的审美价值，独立于城中的独秀峰，便是因颜氏名句“未若独秀者，峨峨郛邑间”得名；二是给广西带来了崇尚读书的好风气，自桂林独秀峰下有“颜公读书岩”后，历代在阳朔、永福、兴安、全州县都有“某某读书岩”传世；其三，是颜延之让广西见识了其清正廉洁的人格魅力。

唐宋以来，广西便是朝廷贬谪官员文士的主要目的地。如果简单开出一张单子，把这段时期流寓广西的名人排列一下，人们也许要对广西“刮目相看”。

665年　褚遂良（唐太宗、高宗重臣，大书法家）贬桂林。
703年　张说（唐代贤相、诗人）贬钦州。
705年　沈佺期（初唐杰出诗人）贬崇左。
710年　宋之问（与沈佺期同为唐五言律诗奠基人）贬钦州。
768年　元结（散文家，与韩愈、柳宗元齐名）任容州刺史。
806年　韦丹（外祖父颜真卿）贬容州。
816年　柳宗元贬柳州。
825年　李渤贬桂州。
847年　李商隐贬桂州。
1098年　秦观贬横州。
1100年　苏轼贬廉州。
1104年　黄庭坚贬宜州。
1129年　王安中贬象州。
1141年　李光贬藤州。
1165年　张孝祥贬静江府（桂林）。
1173年　范成大贬静江府。
1174年　周去非贬桂州、钦州。
1175年　张栻贬静江府。

这里所列只是唐宋两朝某些时期，相对密集地出现在广西的有名人物。他们任职于广西各地，革除旧弊，启迪蒙昧，吟诗作文，记述见闻，形成了独具广西特色的贬谪文化。

据广西师范学院杨东甫研究员统计，唐代谪桂官员约30余人，宋代为40余人。这些仅仅是正史和笔记野史所载者，更多人物和他们的事迹已无法查考。

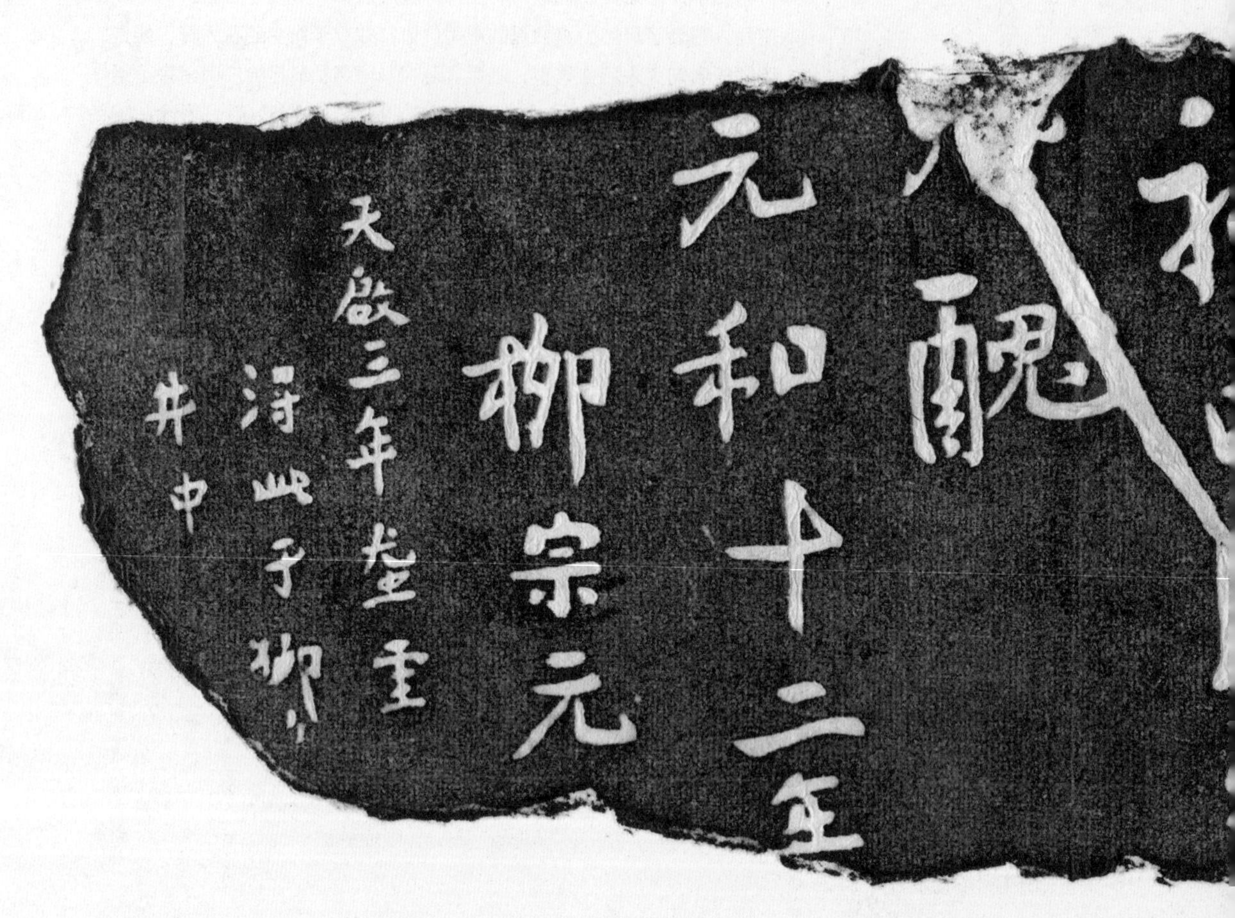

醜
元和十二年
柳宗元
天啟三年奎重
得此于柳
井中

柳州柳侯祠《龙城石刻》复制品上刻有“龙城柳，神所守，驱厉鬼，出匕首，福四民，制九丑。元和十二年。柳宗元”字样。柳宗元逝世前两年，在向部下交代后事时写下这篇铭文。在场老百姓建议将其刻于石上，以传后世。于是此石碑同柳宗元佩戴的一把短剑被一同埋入土中，故又称“剑铭碑”。但因年代深远，两物早已失传，仅剩下石碑拓片。供图_梁良

岭南生猛，跳出醋碟

在现实生活的背后，多少古人的身影就藏于画外，仿佛触手可及。桂东南的合浦、钦州、北海、博白，至今还是荔枝产地，“妃子笑”更是佳果中的上品。不过，你若读过苏东坡900多年前写的《廉州龙眼质味殊绝可敌荔支》中“龙眼与荔支，异出同父祖……坐疑星陨空，又恐珠还浦”后，恐怕要对看似平常的“龙眼肉”另眼相看了。

岭南山川风俗特立独行，千余年来也使不少旅桂的中州学者为之著书立说。大旅行家徐霞客所写的《徐霞客游记》今天知道的人很多，这本书里的《粤西游日记》就是他1637年游广西的见闻。

早在唐咸通年间（860～874年），有位叫段公路的人从广州卸官后，常年游历岭南，“采其民风土俗、饮食衣制、歌谣哀乐有异于中夏者”，写成了一部《北户录》。段公路出身名门，父亲段成式就是著名志怪小说《酉阳杂俎》的作者。由于《北户录》在记录岭南风物时，多喜欢引用前人著述对同一事物加以描述，其中包括很多后来散佚的著作，所以被认为是今天研究岭南动植物、地理及物种起源的重要参考文献。

段公路之后，还有唐代官员刘恂写的《岭表述异》。由于刘恂书中有许多对岭南生猛海鲜的记录，如梧州用芭蕉叶烤的嘉鱼，“跳出醋碟”的虾生及其详尽的烹制方法等等，竟至于成为今天岭南美食界引经据典的重要古籍。

值得一提的还有一部唐人著作，莫休符的《桂林风土记》。此书除介绍桂林山川风物外，还记录不少唐代在桂任职官员的轶事。例如他写桂州刺史李渤酒后要斩副手，掌管仪仗的小官是一位叫米兰的人，他没有执行李刺史的酒后严命，而是把副刺史藏了起来。李渤酒醒后果然后悔，得知米兰行事，感激不已。

莫休符写此书的目的很明显：“前贤撰述，有事必书……惟桂林事迹，阙然无闻。休符因退居，粗录见闻，作《桂林风土记》，聊以为叙。”

1 000多年前的莫休符老人家似乎早已发觉，不该忽视广西。

桂州刺史李渤酒后要斩副手，掌管仪仗的小官是一位叫米兰的人，他没有执行李刺史的酒后严命，而是把副刺史藏了起来。李渤酒醒后果然后悔，得知米兰行事，感激不已。

百银古城通茶马

“山、海、边”这三种有关广西自然环境和地理位置特点的概括，“山”和“海”好理解，广西山多，又有出海口，拥有沿海省份的优势。就是一个“边”字有些伤脑筋，“边”者，边陲、边疆也，示人以“遥远”之意。也许这正是广西在历史长河中容易被人忽视，而实际上不应被忽视的节点所在。

南宋地理学家周去非在广西为官6年，回浙江老家后（1178年），为了满足人们对岭南的好奇心，写了《岭外代答》以飨读者。以今天的眼光看，《岭外代答》除了对广西山川古迹、蛮俗志异等有生动描述之外，还特别对边关沿革、海内贸易等别人很少涉及的内容，有非常详细的记录。

古代广西通往西南地区的交通线路，汉代有经红水河通滇黔川的古道，唐宋则有经左江、右江通云南的古道。《岭外代答》对这条古道的记载是“中国通道南蛮，必由邕州横山寨”，其中的“南蛮”，指的是洱海旁的大理国。

2011年，广西文物工作者在百色市田东县对一个被称为“百银古城”的遗址进行挖掘，出土了许多宋代钱币，以及套叠在一起的60余个瓷碗等文物。专家发现这是一个筑有城墙的宋代古城，并且还是商贸集散地。种种迹象表明，“百银古城”就是周去非记载的“横山寨”。

一个沉入历史深处的古代贸易枢纽，以及那条隐没于桂滇边陲山野林莽间近千年的宋代茶马古道，终于被我们所知晓。

横山古寨始建于北宋。到了南宋，宋、金隔江而治，战云密布。军队最需要的战马已不能从新疆、内蒙获得，于是朝廷就转向西南地区收购军马。史料记载，南宋政府于1130年在邕州（南宁）设立买马提举司，并在横山寨开设马市。每年官方在横山寨马市以盐易马的数量为1 500～3 500匹，民间需求则更大。此后的半个世纪，是这条茶马古道最繁华的一段时间。周去非恰好就在这时来到广西就职。

其后的元明清各代，这条古道依旧畅通。在清代，数量更为巨大的滇铜和粤盐又成为这条古道主要输送的货物。

胡志明与防城港

在越南战争期间，「胡志明小道」成为北越军队秘密支援南方游击队作战的最重要通道。美军采用了狂轰滥炸、特种部队渗透、投放传感器进行追杀等诸多方式，对「胡志明小道」实施绞杀。

我们到钦州的三娘湾为拍摄白海豚、红树林做前期调研的时候，就被广西海岸线的曲折繁复所折服，广西近1 600公里的海岸线，在这段东起合浦县山口镇，西至东兴市北仑河口，直线距离仅200公里的地方，被压缩成无数曲曲绕绕的岸线和滩涂。地理教科书上一再提到的“北仑河口”正是中国18 000公里海岸线的最南端，相对于“最北端”，广西真是够遥远的。

几年前，我们对广西“海上胡志明小道”故事的探访，就是从北仑河口开始的。北仑河口属于东兴县，那里还有遐迩闻名的大清一号界碑。这块刻有“大清国钦州界”的界碑，立于光绪十六年（1890年），是中法战争结束后5年竖立的。此后，中越两国便有了一段明确的边界，广西与越南也有了1 020公里的陆上国境线，其实，这也是广西“山、海、边”的“边”的来历。

友谊关，中越边境上最负盛名的口岸，被称为中国的“南大门”。全长一千余公里的322国道从湖南衡阳起始，到友谊关就是终点，出关18公里便是越南的谅山。

从秦汉至隋唐，如今的越南都还是中国的一个地区，所以那时的广西还不是边疆。北宋时期，丁部领在越南建立大瞿国（史称“丁朝”）后，这才有了国界的划分。但之后中越一直维持藩属关系，边境也相安无事。自1883年中法战争之后，越南沦为法属殖民地，强敌迫境，边防形势方显紧迫。

1965年，“援越抗美”枪声响起，中国援越部队源源不断地从友谊关秘密入越。早在1959年5月19日胡志明生日的这一天，越南北方正式决定开辟“胡志明小道”向南方运送人员和军火物资。在越南战争期间，“胡志明小道”成为北越军队秘密支援南方游击队作战的最重要通道。美军采用了狂轰滥炸、特种部队渗透、投放传感器进行追杀等诸多方式，对“胡志明小道”实施绞杀。

胡志明迫切需要在中越间开辟另一条通道，输送中国的援越物资。这个艰巨的任务历史性地落在越南的“大后方”——中国的南疆广西身上。1965年3月胡志明秘密访华后，中国交通部派考察组到广西，为中越水运秘密航线勘察线路。就这样，“海上胡志明小道”就跟“防防城港是中国西部第一大港口。

城港”这个当时并不存在的名字连在了一起。

1968年3月22日，“中越3·22协定”在北京签字。当时的广西和全国其他地方一样，正处在“文革”最混乱的那段时期。但是，随着一枚刻有“广西3·22工程指挥部”印章的启用，勘测、施工、建码头、扩厂房，一切运作都在这个后来被称为防城港的地方有条不紊地展开了。

“海上胡志明小道”1972年首次试航后，一年多的时间里，粮食、化肥、种子、油料等共计16万吨的物资，通过这条海上隐蔽航线，由一艘艘小货轮蚂蚁搬家似的运往越南。这条航线因此也成为中越之间一个共同的秘密。

许多年后，越南总理阮晋勇来到防城港码头的0号泊位，当他知道这里就是“海上胡志明小道”的起始点时，不禁感慨万千。

从1965年援越抗美开始，到2004年中越边境第三次大排雷结束，近40年时间，广西差不多一直就在跟“边疆”、“前线”、“猫耳洞”这些字眼打交道。待硝烟散去，一拨拨仰慕南国美景的游客，大多又是游罢桂林山水便打道回府了，充其量知道柳州是生产“柳微”和“金嗓子”的，对南宁便不甚了了。

但是无论从哪个方面看，作为农业大省的广西，除了甘蔗、大米、蔬菜、香料产量在全国名列前茅外，还有诸如木薯、桑蚕、食用菌、水牛奶等许多新的第一，这些新形象似乎开始改变广西原来有点飘忽不定乃至模糊不清的旧形象。

直到2004年11月中国—东盟博览会落地广西首府南宁，那“山、海、边”三字“秘诀”中的“边”字，才有了全新的注释。这也是今天的广西不容易再被人们忽视的一个理由。

受人关注是好事，被人忽视也未必就很糟糕。我们会对“广西秘境”屏息静气地保持一种特别的期待。

友谊关是中国九大名关之一，也是保存比较完整的明、清时期的南疆边关要塞。图为友谊关内景。墙上的红字标语“我们的原则是党指挥枪，而决不容许枪指挥党”，出自 1938 年毛泽东在一次党内会议上的讲话。摄影 _ 袁志柱

指挥枪。
党。
毛主席是我们心中最红

摄影_士司

地

摄影＿韦雄飞

秘境广西的六个关键词

文 萧春雷 插画 文一

严关

广西盆地

西江水系

岩溶地貌

北部湾

桂东桂西

严关

广西南北气候确实存在着巨大反差。最冷的一月份，当严关以北的兴安、全州、资源等县冰天雪地，人们蜷缩在屋内烤火的时候，北海的银滩上，还有不少人身穿泳衣戏水踏浪。

听说我们不去猫儿山，瑶族姑娘潘敏替我们惋惜："猫儿山很漂亮，满山的毛竹。这会儿杜鹃花正开呢。我前两天刚去过。"潘敏老家就在猫儿山下的华江瑶族乡。她找出手机里拍摄的照片给大家看。猫儿山是广西第一高峰，海拔2 141米，在我国大陆东南数省中，以微小的差距败于海拔2 158米的福建黄岗山，只好自称"华南第一峰"。猫儿山属于横贯湘桂粤赣数省交界处的南岭山脉。其实南岭有山无脉，由五列近乎平行的千米以上的山岭组成，又称五岭。南岭之南，称岭南、岭外，指今天的两广和海南岛。

中国有两座并不高峻的山脉，在地理上都无可替代。一座是秦岭，它划分了南北中国；另一座就是南岭，它是长江流域与珠江流域的分水岭，也是我国中亚热带和南亚热带的分界线，还是我国雪线南界。

五岭中的三岭——越城岭、都庞岭和萌渚岭——坐落于湘桂边界，像是"形"字右边的三撇。越城岭与都庞岭之间的低谷又称湘桂走廊，连接湖南零陵与广西桂林；萌渚岭隘口沟通湖南道县、江华与广西贺州，是次要通道。楚风顺道南下，于是桂东北流行吃辣，说西南官话。

"兴安为三楚两粤之咽喉，而楚粤之交，就以严关为界。"兴安旅游局的岳启海先生说。严关（又称炎关）原来只是秦汉时期建于两山间的一道青石砌筑的城墙，中开一拱门，上书"古严关"。严关是湘桂走廊上唯一一处关隘，秦汉以来经历过多次重大战事。它同时也是一条气候分界线，宋人范成大说："朔雪多不人关，关内外风气迥殊。人以为南北之限也。"岭南岭北的气候、物产、民俗等差别，具体就以这堵城墙为界。

北回归线穿过广西中部，所以广西南部是地理学上的热带。但我国的寒潮十分强劲，实际上的热带区域要南移到北部湾沿岸。气候差异使得广西的生物群落、物产种类丰富多样，异彩纷呈。

我站在严关的城门里仰头看，头顶上方的石板上有条宽约一指的细缝，透出狭长的天光。我很疑惑："这是什么？为了向冲撞城门的敌人倒滚油吗？"岳启海先生看了一眼，笑道："你想不到的。这是以前生产队农民凿的洞，用来扬谷。从上面倒下稻谷，门洞里风大，一吹，就分选出好谷子和瘪谷了。""真有想象力！"我赞叹道。楚风粤风，在和平年代竟有如此的妙用。

广西的冬天，景色极为立体：最北的桂林冬天飘雪，可以看见喀斯特峰丛上有积雪的奇特景观；最南的北部湾，骄阳当空，仍然温暖。摄影_土司

广西盆地

福建号称『八山一水一分田』，广西人也自称『八山一水一分田』，但广西比福建平坦得多。仅仅一个六万平方公里的广西盆地，就放得下半个福建省。

在广西腹地旅行很轻松。我们从桂林南下梧州，西至柳州，再到防城，一路都是辽阔的平原和低丘，偶尔会遇上一群群优美的峰林，但很少穿过隧道和高架桥。眼前所见让我困惑了：广西的大山都跑哪里去了？

同行的覃妮娜——一位走遍广西的美女地理作家说：广西是个盆地，大山在四面环绕。你要去看猫儿山、大瑶山，那才是真正的大山。

的确，广西是由内陆大盆地和北部湾沿海平原两部分组成的。盆地的四周散布着海拔千米以上的群山，底部则是海拔200米以下的平原丘陵，仿佛一口大锅。大山像栅栏，盆地的位置稍微偏向东部，所以西边的栅栏更粗壮，密不透风。我拿着放大镜，从东北的猫儿山开始，顺时针将它们一一“捉拿”出来：越城岭、海洋山、都庞岭、萌渚岭、大桂山、云开大山、大容山、六万大山、十万大山、大青山、六韶山、金钟山、岑王老山、青龙山、凤凰山、九万大山、大苗山、大南山……你感到这栅栏的浓密了吗？

大约上天觉得这样创造广西盆地太过偷懒，又在盆地底部放上了两列优美的弧形山脉“广西弧”。从西北伸出的是都阳山和大明山，从东北伸出的是大瑶山和莲花山，像是准备十指相扣的一双手。不，这双手没有相握，而是隔了一些距离相互打量，中间有座孤立的镇龙山。我突然觉得这情景更像双龙抢珠，矗立在盆地中央、海拔1 140米的镇龙山就是那颗“珠”。

广西弧内是以柳州为中心的桂中盆地，弧外环绕着右江盆地、南宁盆地、郁江平原和浔江平原。这些地方最适合人类生存，因此编辑周晓红问我对广西的感受，答案是：富饶。断续相连的广西弧，对水系和交通没有重大影响，却使广西地形更加生动和丰富。

我总是忍不住将广西与福建进行比较。广西陆地面积23.6万平方公里，是我国沿海最大的省份，差不多等于两个福建；2010年广西常住人口4 602万，虽高出福建近千万，但仍不及广东一半，算得上地广人稀。

为了解决前面的疑惑，我去查了资料。福建的山地丘陵面积占89%，平原台地占10%；而广西的山地丘陵面积占75.6%，平原台地占23%。可见虽然都使用同一句民谚，广西比福建平坦得多。仅仅一个六万平方公里的广西盆地，就放得下半个福建省。

摄影_李贵云

西江水系

西江是广西的母亲河，流域面积覆盖全境的87%，其干支流形成了一个树状水系，汇集到总出口梧州。作为下通珠江，上溯西江干支流的水运中心，梧州自古便是广西首屈一指的繁华都会。

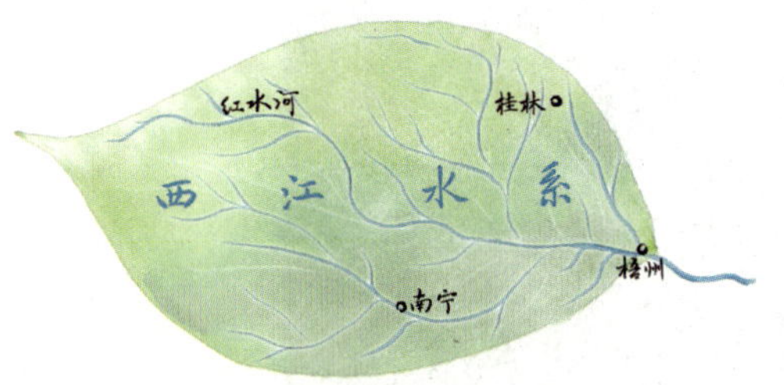

客居晨起，我站在酒店的落地窗前往下看，江面空阔，远处停泊着几艘大型轮船，近岸是一长溜带篷的小船，三三两两系在一起，有人在船上走动、洗涤、烹煮。他们是疍民，一个曾经散布在东南沿海及内河的水上族群。如今绝大多数疍民都上岸定居了，而在梧州的西江上还能看到他们的身影。水运发达的梧州，既是他们的传统聚居地，也是他们最后的落脚地。

西江是珠江的干流，发源于云南，流经贵州，从桂西北入境，横贯盆地中部，一路分别被命名为红水河、黔江、浔江和西江，并接受郁江、北流江、柳江、桂江等南北支流，从桂东南梧州下广东入海。

地质学家说，自从一亿多年前广西升出海面，境内就是一个没有开口的大湖，大约三四千万年前，梧州峡口被割穿、下切，湖水排出，才形成今日的广西盆地和西江水系。每条河流都形成了自己的冲积平原，每个平原上都有人类建立的城市，桂林、柳州、来宾、南宁、贵港、桂平……

广西的河，流量大，落差小，除了红水河，都便于通航。河流把人员物资载运到各处，形成交通网络。

想象一次古代的旅行。你从梧州乘船沿桂江、漓江北上，经过平乐、桂林，来到湘桂走廊上的兴安县境内。离源头越近，水流越小，船快走不动了。这时眼前出现一条人工运河——灵渠，把你运送到几十里外的兴安县城。在那里，你可以顺流而下，经过湘江向北进入四通八达的长江水道。灵渠创建之早——秦始皇时代，目标之宏大——沟通珠江和长江两大水系，构思之巧妙——铧嘴、陡门的设置，都让人赞叹不已。

西江水系还以风光优美著称。自桂林到阳朔那一段漓江，清流奔涌、千峰竞秀，被誉为地球上最美丽的风景。

我对柳江情有独钟，大约因为从小熟记“岭树重遮千里目，江流曲似九回肠”这句诗吧。这是柳宗元任柳州刺史时候写的，沉郁感人。到柳州拜访柳侯祠，漫步江滨，发现江变成了湖；雾雨迷蒙中，也望不见江流九转的景象。幸好当地有一个夜游柳江的旅游项目，相当火爆，于是我们观赏了璀璨的江滨夜景、人造大瀑布和音乐喷泉。柳宗元的诗意柳江早已不存在了，如今的柳州是广西最大的工业城市，更热衷于用金钱打造一种华丽而无情的山水。

喀斯特峰林和峰丛到底有什么区别，在峰林峰丛比比皆是的广西，一多半当地人也搞不清楚这个问题。其实很简单，就看底座是否相连，相连的就是峰丛。换个角度看峰丛，在这张航拍片上，底座相连就很明显。

摄影_滕彬

喀斯特岩溶地区给人的印象是水土分离，地表干旱，只能种植玉米、辣椒等耐旱作物，不宜种植水稻。但广西大米中的首个“中国地理标志保护产品”上林米，就是产自岩溶地区。看来岩溶地区自有利于水稻生长的先天条件。

摄影_李晋

岩溶地貌

桂西北的岩溶峰丛洼地间，负地形发达，到处是天坑、竖井、溶洞和落水洞，景观虽美，却严重影响了人们的正常生活。地表径流大量转入地下，导致地表干旱，灌溉、饮用水严重缺乏。

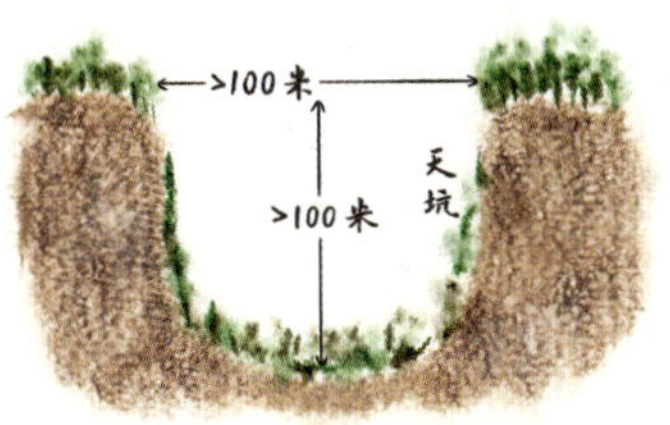

来到广西，你一定要认识岩溶地貌。岩溶地貌，也称喀斯特，在中国西南广泛分布，以广西发育最典型。大约以湘桂铁路为界，广西的岩溶地貌可以分为东西两部分：西北红水河区域溶峰高大密集，以峰丛洼地为主，代表性景观是天坑、溶洞等负地形；东部溶峰矮小分散，多属峰林谷地和平原，代表性景观是桂林山水。

峰丛与峰林有什么区别？关键就看山峰基座是否相连。如果底部相连像锯齿一样，就是峰丛，如果像梳齿，峰峰独立，就是峰林。

岩溶是一种独特的岩层，主要成分是可被水溶蚀的碳酸岩，在高温多雨的广西，岩层被溶蚀得千疮百孔，地下河流洞穴密布，形成各种奇妙的喀斯特奇观。2011年我去乐业县采访发现天坑群的飞猫探险队，对岩溶现象有了较深入的认识。

天坑是一种恢宏的自然景观，深邃、固执，仿佛大地凝视天空的眼睛。

桂西北乐业县有28个大大小小的天坑，被誉为“天坑之都”。据“天坑”概念提出者朱学稳先生的定义，口径与深度均超过100米的大型塌陷漏斗才叫天坑，小于100米的称竖井。雄伟的大石围天坑口径约500米，最小深度511米，塌陷时撕下三座山峰的半边，坑沿壁立千仞，云烟飘拂；坑底郁郁葱葱，有原始森林和地下河。

桂西北的岩溶峰丛洼地间，负地形发达，到处是天坑、竖井、溶洞和落水洞，景观虽美，却严重影响了人们的正常生活。地表径流大量转入地下，导致地表干旱，灌溉、饮用水严重缺乏。这种“水土分离”的现象，被称为喀斯特干旱。几乎整个桂西北红水河流域，都饱受“水土分离”之苦。

湘桂线以东，景观大不相同。在柳州、桂林等岩溶峰林平原地区，地表河水常流，水土一致，自然条件相对优越。汽车在原野上行驶，路边的水田里，男男女女弯着腰插秧，燕子飞来飞去，随处可见“江作青罗带，山如碧玉簪”的景象。

在我看来，岩溶是一种中看不中用的地貌，很美，但很贫瘠，即使在平原地区，岩溶风化产生的石灰土，其肥力也不如其他土壤。但是覃妮娜不同意，她举例说广西的著名大米如上林米、永福米、姚江米，都出自岩溶地区。我不知如何回答，这恐怕要请教农业专家了。

北部湾

桂南沿海有自己的河流、生态系统，甚至有自己的历史、文化和语言——该地长期属于广东管辖，称钦廉四属（包括合浦、钦州、灵山、防城四邑），流行粤方言。1965年，钦廉地区才划给广西。

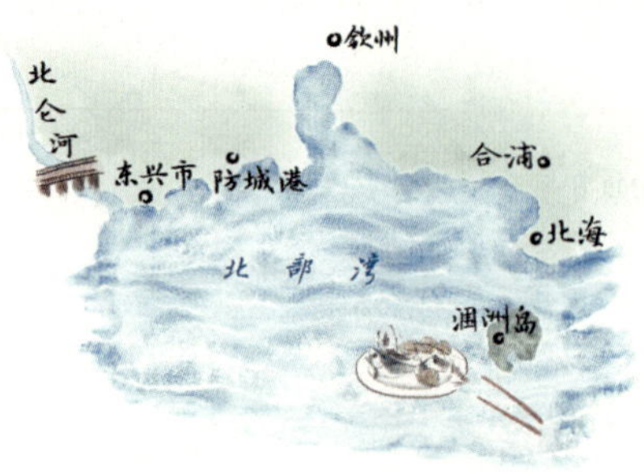

涠洲岛是中国最年轻的火山岛，有壮丽的海蚀地貌，但我更迷恋涠洲岛的海鲜。这里的热带水产与厦门相比价格很低廉，青斑鱼在厦门要卖到每斤百元，这里不过三十元。因此，在涠洲岛的那几天，我频繁出入鱼市，采购珍奇海鲜，拿到饭店加工，大快朵颐。回家后还到处向朋友推荐涠洲岛的海鲜。

孤悬于北部湾中间的涠洲岛和斜阳岛，为广西南界。涠斜二岛与环北部湾的北海、钦州和防城港地区，在广西盆地之外，组成了一个相对独立的桂南地理单元。

桂南沿海地区的河流，发源于广西盆地南缘的山脉大容山、罗阳山和十万大山，流程较短，多独流入海，较大的有南流江、钦江和北仑河。地貌为丘陵台地，属边缘热带气候，降雨量和热量都高于广西其他地区，因而物产丰富。

北仑河是条小河，名气却很大，河上小桥中间划了一道线，算是中越国界，桥栏两边分插不同的旗子。桥上人来人往，像一条街道，边境居民大包小包搬运，仿佛跨国赶集。俯视桥下，中方的滨河街道上，一长溜摆摊的越南妇女都戴着尖斗笠，穿花衣服，让东兴这座城市显示出浓郁的边境特色。

此地的主体民族原来叫越族，1958年改名京族，主要居住在巫头、沥尾和山心三个小岛上，人们称“京族三岛”。京族是海洋民族，从事近海捕捞和海水养殖，对越南有同族同宗和语言优势，被媒体称为中国最富的少数民族。我想看看他们的传统民居，却找不到，人们都住进了带院子的小洋楼，树干间挂着休闲的吊床。沥尾岛的金滩非常漂亮，沙质金黄，与北海雪白的银滩恰成对比。

避风港里，一男一女正在渔船上补网，我和他们聊了起来，他们是京族渔民。男人问我晚上要不要租船出海钓鱼。我问价格，他说：“一晚上六七百元，钓到的鱿鱼都归你，很合算啦，比市场上买便宜。”

“我不会钓啊。钓不到鱿鱼怎么办？”

“谁都会钓啦。”他说话慢声细语，普通话里略带白话味，“鱿鱼看到灯就会过来，放下钩子就咬。很多人租我的船，没问题啦。”

如果不是行程太紧，我真的想跟这位京族渔民去海钓。北部湾的海鲜，对我是实在的诱惑。

北海市的侨港渔港，8月，禁渔期刚刚结束，渔船从远海满载而归。北海的禁渔期是从6月1日至7月31日，整整两个月的禁捕，令海鲜品种稀少、价格居高，所以一入8月，很多商贩和饕客连续多日频频早起赶赴渔港，尽情搜罗心仪的海味。摄影_韦纲

桂东桂西

广西是中国少数民族人口与方言种类最多的省份。说桂东桂西分属于汉壮两种文化，只是大体而论，事实上广西到处可见多民族杂居的现象。广西的12个世居民族之间虽然语言不同，但同属于农耕民族，生产方式和生活方式相同，彼此之间容易理解和沟通。

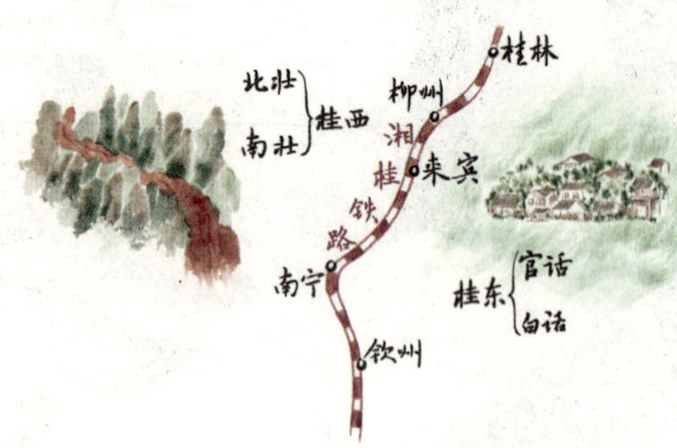

如果对广西进行最简单的分区，那就分成桂东和桂西。分界线大体沿着湘桂铁路，从桂林、柳州、来宾、南宁到钦州。桂东、桂西，无论自然地理还是人文地理，都呈现出完全不同的景观。

桂东地区包括了广西盆地的中部和东部，多丘陵平原，适合农业发展，自然条件优越。历史上，湖南、江西的移民进入桂东北，广东移民则进入桂东南，经过一千多年的开发，汉文化在桂东地区确立了主导地位。

桂东可再次细分为两个亚区：流行官话的桂林、柳州、平乐等桂北地区，具有湖湘文化特色；流行白话的梧州、南宁、玉林、钦廉等桂南地区，深受广东影响。

桂西可以看成云贵高原东南边缘的延伸，层峦叠嶂，山高水深，红水河、左右江流经其间，自然条件艰苦。壮族原来散布于广西全境，后来受东部汉族移民的挤压，逐渐退向桂西山区。因此该地区为壮语主导区。

如果将桂西再次细分，通常按语音差异分为南壮和北壮两个亚区。壮族专家覃彩鸾先生认为，南壮和北壮的分界线是“沿郁江乃至右江而上，到平果县后再沿北回归线向西，至云南富宁县”。这样，红水河与右江流域的河池市与百色市属于北壮，左江流域的崇左市与百色南部三县属于南壮。

作家黄佩华是西林县人，属于北壮，写过多部以红水河为背景的小说。他向我描述说：“红水河地区首先是穷山恶水，不能通航，交流困难，土地贫瘠。这里住着壮族、瑶族和高山汉族。因为封闭，每个河段都形成了自己的文化，变成一个一个局部，像马赛克一样，文化呈现多样性。因为保守，还保存着原生态的传统文化，比如铜鼓，一个县就有一千多面。这种恶劣的生存环境，养成了人们吃苦耐劳的精神，他们一旦走出大山，都很争气，事业成功。壮族人应该感激红水河，它既是我们最早居住的地方，也是我们文化的最后一个庇护所。”

壮侗语族是古代百越族系的后裔。百越民族是最早栽培水稻的人类族群之一，全世界近一半以大米为主食的人类，都应该感念他们的贡献。遗憾的是，壮族最后退入了一个不适合种植水稻的地区，主产玉米和旱稻。但民族地理的变迁并没有改变广西的农业地理景观。汉族继承了当地的稻作文化传统，与千年前一样，稻谷金黄，依然是桂东田野最激动人心的景象。

摄影

向下，读懂喀斯特

文 插画 覃妮娜 图 李晋

这两张手绘图清晰明了地呈现了吨湖突然出现和消失的原理：上图显示的是喀斯特地区的地下河，由于地下河道意外被堵塞，受阻的地下河水无法顺畅流淌，于是沿着地表的孔隙流到地上，在相对低洼的峰林峰丛间的平地汇聚，形成一池湖水。

地表的孔隙是地下河上升的路径，也是吨湖水重回地下河的通道。当受阻的地下河河道恢复畅通，吨湖之水就会沿着地表孔隙慢慢下降，重新汇入浩荡的地下河。所以吨湖都是相对短暂的景观。

吨湖
积水退去 鱼虾留下

有谁在玉米地里收过鱼虾吗？先别愕然，的确有这样的收获者。在广西来宾市忻城县遂意乡弄江村的弄椿屯旁，有一个面积大约几百亩的山谷，在“九分山一分土”的当地，这山谷算是一个安逸的好地方了。每年五六月份下暴雨时，山谷里就会有多股泉水涌出，淹没低处的庄稼，随泉水而来的鱼群，也一拨跟着一拨，争食鲜嫩的禾苗和野草。暴雨一停，山谷里的积水迅速消失，只留下那些吃肥了又不及“撤退”的鱼虾，在田地里活蹦乱跳，束手就擒，成为村民饭桌上的佳肴。

1997年5月，和往年一样如约到来的雨，远远超过了惯常的强度，淹没了村民对丰收的期盼，并留下了一湾湖水。田地变成了湖泊，粮食变成了鱼虾。当地人给这个突然到来的湖取名叫“吨湖”——“吨”是壮语的音译，意为被水淹没的低洼地。十年后，就在村民们已经完全适应这种转变之时，吨湖水突然干涸了。

2007年3月的一个深夜，睡梦中的村民突然听到吨湖方向传来了巨大的震动和响声，随后一种“呜呜”声彻夜鸣响。天亮后，村民发现吨湖水位已经下降了1米多，湖中有几处巨大的旋涡正在吞噬着湖水，“呜呜”声就是从那里发出的。几天以后，一片污泥覆盖的山谷露了出来，一个被漩涡撕开的、直径有几十米的深洞，狰狞地张着大口。吨湖就消失在大口之中了！

奇怪的是，吨湖很快又回来了。3个月后的一场大雨之后，村民照例带着渔具到山谷去，看看有没有机会捕获点什么。当时在现场的壮族人蓝常达对我讲述了当时的奇观。

山谷里到处都是水眼，上百个洞窟都在汩汩涌水，大的洞窟直径有两米多，小的直径也有三四十厘米。随后湖水便慢慢地回复了往日的盛况。

吨湖的形成，是由于地下河的河道堵塞造成的外溢。吨湖不会无限制地上涨，因为地表还有孔隙与通畅的地下河连通，这些或大或小的通道，在地质上形象地被称为“漏斗”。吨湖、孔隙和地下河，三者的关系就像洗手盆跟水龙头、水塞和溢水孔的关系。吨湖的突然消失，意味着地下河道突然畅通了。原因有多种，可能是堵塞物腐朽，也可能是积水压力过大，使堵塞点崩塌，打开了旧河道，或造成地下河道穹顶崩塌，形成新的过水通道。

了解吨湖来去的原因并不难，但要形成吨湖却不易——那需要天时地利、机缘巧合。吨湖的忽隐忽现虽给当地村民带来了困扰，但不论农耕，或是渔获，弄椿屯的人都可以安居乐业。像这样的喀斯特奇境，广西还有很多。

广西是水做的，其40%的面积为岩溶地貌所覆盖，在这里，水是一个动词。

火卖村蜂子荡一洞三坑的坑壁几乎是垂直的，如刀削斧凿般，简直是悬崖峭壁。天坑底部，有少数勇敢者才有缘得见的地下原始森林——这可是世界上最大的地下原始森林，生长的植物中有些还是地表早已灭绝的珍稀物种。适者生存，为了争夺阳光，这些植物长得都很高，同样的物种，坑底的就比坑外的高很多。

天坑
最幸运的原始森林

类似吨湖这样在数天或数月间反复变化的景观，在喀斯特地下河家族史上属于“急性”事件，更多的变化，往往需要上千年甚至数十万年的时间。虽然人类并没有机会看到这样的过程，但大地在它的每一篇日记里，都如实地做了记录——它让我们知道，那样的变化怎么开始，又将怎样结束。

百色市乐业天坑群中，最大的天坑是大石围天坑——坑口呈椭圆形，从坑口到坑底，平均直径420～600米，深度613米，以完美的桶形绝壁，稳坐全球著名天坑前列。从坑边俯瞰坑底，茂密的原始森林间飘着一缕薄雾——那是坑底地下河中升腾起的水气。

只有很少的一些人，因科考或拍摄等原因，利用SRT（一种固定在岩壁上的单绳升降装备）下到过大石围天坑的底部——600米的垂直高度、依靠一根绳子上下，实在不是一般人能接受的。由于崖壁有些内凹，不利于大型树木生长，紧贴绝壁的是一片棕竹林，所以降落到天坑的最初几步，是走在棕竹林里。

棕竹，这种植物的叶片很像我们常见的做蒲扇的叶子，茎秆剥开后看起来和竹节一样，所以叫棕竹。种在花盆和花圃里的棕竹通常只有1～2米高，而在坑底竟高达6～7米——为了争夺阳光，棕竹拼命往高处长，放眼望去，四米以上的高度才会有青绿的叶片，三四米高的地方都是枯萎的叶片，三米以下全是包裹着棕色皮的拇指粗的茎秆。站在棕竹林下厚如弹簧床的柔软落叶上，人觉得自己变“小”了。仰望天空，树冠和坑壁间只余一隙，人仿佛站在地心。

离开崖壁，很快就进入天坑里的原始森林了。大石围坑底近20万平方米的原始森林，以及乐业天坑群中的黄猄洞、穿洞等天坑中的森林群落，是世界天坑家族中独特的样本——大多数“年轻”天坑，因为岩壁刚开始崩塌，没有土壤，光照不足，落石频繁，树木难以成活，即使成活，也没有时间形成茂密森林的壮观规模；而“老年”天坑又会因为“桶壁”崩塌过度，天险尽失，森林会遭到人类的砍伐。像乐业天坑群这样，处于最佳的“盛年期”，既有完美的形象，又孕育了茂密的天坑森林的，真是绝无仅有！

大石围天坑里的树更大更直，在地面难得一见的珍稀树种香木莲在这里成群生长。香木莲只在广西西南和云南东南的一小片地方有零星分布，因材质好，被当地人作为建房的首选建材，已经砍伐殆尽。若不是人们在天坑底找到它们，整个百色市，之前已知的香木莲只剩一株，被人们称为“龙木”。现在，大石围天坑的坑底森林里，香木莲就是“镇坑之宝”。

因为树冠郁闭，林下的土地显得比棕竹林里湿得多。也许正是因为这个原

喀斯特洞穴里的景观和生物，不仅迥异于地表，也不同于其他类型的洞穴。深入喀斯特洞穴的往往都是科研人员和资深的探险者，丰富的探洞经验和知识积累，可以帮助他们从容应对各种突发情况。

01

02

01. 大石围天坑底部的坑底森林，所有的植物虽然每年只有在夏季才能享受到直射进来的阳光，但都在顽强地向上生长。

02. 坑底森林一个不起眼的角落，那里的阴暗潮湿十分适合苔藓生长，这最微小的绿色联合起来，形成一个不可忽视的“绿色联盟”。

因，原始森林里掉落的树叶，腐烂程度明显高过棕竹林。林下生长的除了古老的桫椤，还有更古老的短肠蕨，以及其他低矮的草本植物。

被森林牢牢“踩”在脚下的，是天坑崩塌时落下的巨大石块。由于水分充足，植物腐殖质多，土壤都呈黑色。这些大树的根茎包裹着石块，深深地扎进石缝，看起来就如同森林和山顶一起掉下天坑似的。天坑外面，森林早已不见踪影，砍伐过度的后果是山坡上只剩下零星的树木和遍野的蕨类。在缺少阳光和土壤、落石纷纷的天坑里，完全是一个个树木的“保护区”。

天坑这种地貌决定了它的封闭性，所以大石围天坑这个宝库不是人人可见。但这样的天坑森林，在乐业的其他天坑里也有，因为地貌上小小的差异和一些机缘巧合的洞穴通道，使得它们的坑壁不那么密闭，比如已开辟为景区的穿洞天坑和探险家最喜爱的大曹天坑等，游人就可以步行进入。

红玫瑰大厅
比北京工人体育馆还大

在乐业天坑群的三十多个天坑中，大曹天坑的体量和形象都不突出，可它在国际上十分有名——它的知名度来自天坑底部的洞穴。经过峭壁上一条山羊走的小路，可以抵达大曹天坑底部，拨开坑底丛林，可以看见一个几十米高的洞口，往里走约百米就站在似乎无路的洞壁前了。若不是向导指出，你很难发现，甚至不敢尝试从一个仅容一人伏地滑入的缝隙里进入另一个世界。那里面有一个比北京工人体育馆还大的地下大厅——红玫瑰大厅——它得名于第一个探测到它的英国红玫瑰洞穴俱乐部。

红玫瑰大厅是目前国内洞穴探测发现的地下大厅中最突出的：长300米、宽200米、高200米——在全世界已测量的地下大厅中，它的面积排名第五，体积则是第二。它的体型，用英国探险家詹姆斯的话描述，“有点像英吉利海峡的隧道”。

乐业县原本是个名不见经传的小县城，自1998年开始，因中国岩溶地质研究所对乐业的地貌进行深入调查后才声名鹊起。乐业天坑群，以28个壮美天坑，占据了全球已知天坑数量的三分之一，中国的二分之一。乐业天坑群以形态、深度等，兼具美学观赏和研究价值，加之独特的坑底原始森林，成为世界喀斯特学术研究和景观的重要坐标。

天坑的形成，是由于地下河与地表水交错侵蚀岩石，岩石间缝隙不断加大，下层岩石被地下河掏空后失去支撑而发生山体崩塌——这样的崩塌，并不是每次都能形成天坑。只有当崩塌后四周的岩壁仍保持有100米以上高度、成为四周闭合的桶状环形，才能被称为天坑。否则，不过是峡谷或者“半边山”之类的立面而已。所以，对造物主来说，时间不是问题，问题是要做得完美。

广西乐业-凤山地质带2010年被列入「世界地质公园」。乐业的布柳河仙人桥是世界跨度最大的天生桥。乐业正在努力成为「中国最户外小镇」。

在近乎密闭的洞穴空间里，空气几乎没有流动，从洞顶的毛细管里非常缓慢渗出来的水珠，在表面张力大于地心引力时，长时间在岩壁上保持珠状，在漫长的年代里，结晶生成了朝任何方向生长的石毛、卷曲石、晶花。

巴马水晶宫 它们摆脱了地心引力

一条河，从闻名世界的乐业天坑群下穿流而过的地下河，流到河池市巴马县那社乡大洛村牛洞屯，遇见地表水造就的水晶宫时，见过大世面的地下河惊呆了。2004年6月，大洛村的村民凿开了水晶宫的洞口后，人类以前见过的喀斯特洞穴之美，仿佛都成了浮云——水晶宫里那亿万朵由非重力水形成的卷曲石花，与无边无际的白色晶霜和石毛，构成了一个巨大的、从未被惊扰过的“秘密花园”。从此，在全球洞穴如童话般美丽的世界里，巴马水晶宫成了无法被超越的高点。

非重力水，是一个让很多人都感到陌生的名词。要了解什么叫非重力水，还要从重力水讲起。在晶莹剔透、疑为天物的洞穴世界里，97%的洞穴都是结晶过程中，受地心引力的影响而生成的重力水沉积物。我们熟悉的如广西的芦笛岩、冠岩、银子岩等众多名冠天下的岩洞，因滴水沉积、流水沉积和溅水沉积形成的石钟乳、石笋、石柱、石幔等钟乳石，都是重力水作用形成的。

只有在3%的岩溶洞穴中，可以看到少量非重力水沉积物——那是由于在近乎密闭的洞穴空间里，空气几乎没有流动，从洞顶的毛细管里非常缓慢渗出来的水珠，在表面张力大于地心引力时，并没有向下滴落，而是长时间在岩壁上保持珠状，于是逐渐有了微小的沉积。在漫长的年代里，结晶生成了石毛、卷曲石、晶花。这些结晶并不一定向下生长，而是可以朝任何方向，甚至扭曲生长，形成一种罕见的奇观。

这种似乎违背重力规律、几乎不可能出现在地球上的美物，之前只在北京的石花洞、桂林的穿山岩、安顺的织金洞、武隆的芙蓉洞、云浮的蟠龙洞里发现过，但都只有零星半点而已，不成规模。由于太珍贵，织金洞将那一小段发育有石毛、卷曲石的支洞封起来，谢绝参观；桂林穿山岩则将仅有的一朵卷曲石花，与在一根石钟乳上叠置生长的石毛，以及另两个奇景，一起命名为“穿岩四宝”。

由于兴趣偏好，各地的知名岩洞，我大多去过，所以深知巴马水晶宫的独特和稀绝。当我走进她时，脚步放得很轻很轻。水晶宫洞穴对外开放的线路长600米，驻足在钢化玻璃栈道上，当我的上下左右，全是生长方向不受重力影响的曼妙晶莹的雪白结晶时，我不由得震惊了。那一刻，我就像刘姥姥进了大观园。

广西喀斯特的神奇之处，远非吨湖、天坑和水晶宫就可以涵盖。在这块土地千万年的生命历程中，地上、地下都形成了许许多多的层面，这里只是撷取了其中喀斯特部分小小的几点而已。要知道，大地远比我们想象的有趣得多，如果你认为她枯燥，那只是因为还没有找到适合你的了解方式。看到的越多、知道的越多，你就会对这个世界产生更多的敬畏，更加珍惜她的赐予。

01

黑暗里，透明的

文 图 李晋

赫赫有名的大石围天坑里有10万多平方米的坑底森林。有人猜测：这样一个隐蔽的地下大森林，里面会不会藏着什么大型动物或者怪兽呢？事实上，10万平方米对于大型动物来说还是过于狭小，至于怪兽更是如同玩笑。真实情况是，坑外的自然环境被人类破坏之后，天坑里的地下世界成了动植物的最佳庇护所。

傍晚，大石围天坑口，一只飞猫（中文学名鼯鼠）爬上绝壁，迅速蹿上一棵几百年的松树。它朝坑底探头探脑地张望一阵后，张开前后腿之间的皮膜，朝坑底滑翔而下……黑茸茸的狼蛛潜伏在

02

03

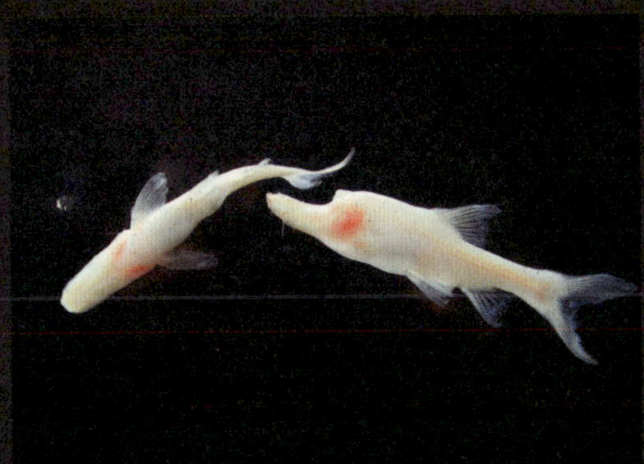

04

05

石壁上的岩峰里，伺机猎捕蛾类成虫和各种蝇类、叶蝉、飞虱、蝗虫等。随着天色渐暗，安静一天的坑底森林，此时也慢慢热闹起来，松鼠、蛇、老鼠、蟑螂、竹节虫、毛毛虫等形形色色的小动物和昆虫也都出来活动了。

每次进入大石围天坑，我都会被奇异的洞穴生物深深吸引。在距坑口500米的地下河洞穴中，大约30米高的洞顶上聚集着黑压压的蝙蝠，吱吱的叫声和浓烈的蝙蝠粪便气味扑面而来——它们真是寻找到了最适合“诗意栖居”的家园啊！洞壁上和河滩上，到处爬着幽灵蜘蛛和灶马，每迈一步都要小心地躲开它们。地下河里，悠游自在的鲇鱼和慵懒的溪蟹十分常见。最神奇的是“盲鱼”，它们一般生活在深潭里，或者水流相对较缓的支流洞穴的水域里，在湍急的河段很难看到它们的身影。别看盲鱼没有眼睛，但其他感官非常发达，我们只是用手电筒小心翼翼地照射附近水域，它们就能感受到我们在接近，慢慢向暗黑的地方游去。有一种盲鱼叫大石围金线鲃，透明的身体只有7~8厘米长，身形优雅，特别漂亮，惹得我总想把防水相机潜入水里近距离拍摄它们。可是它们的四根触须对水波震动的感觉太灵敏了，每次都让它们溜之大吉！

01. 蝙蝠
02. 中国溪蟹
03. 张氏幽灵蜘蛛
04. 大石围金线鲃
05. 洞穴灶马

01

深谷，幽兰

文 图 李晋

乐业天坑群中，不仅天坑数量众多，而且几乎每个天坑的底部都生长有茂密的森林。仅在大石围天坑一处，植物学家就在其原始森林内发现了上千种植物，且大部分种类迥异于天坑外：有与桫椤同时代的古老植物短肠蕨，有冷杉、血泪藤等珍贵植物，还有坑外几乎绝迹的香木莲。没有人类的干扰，天坑里的树木有些长得格外茁壮，最大的一棵酸枣树胸径达2.4米，需3人才能合抱。

除了这些奇异树木，坑底植物世界的一组重要成员就是花形优美的兰科植

02

03

04

05

物。这些年来，我无数次进入天坑内部，观察并拍摄到的兰花有近百种。有典雅低调的麻栗坡兜兰、栗鳞贝母兰、盆距兰、尖囊兰、硬叶兜兰、带叶兜兰、足茎毛兰等，还有同属兰科的铁皮石斛、美花石斛、黑毛石斛等，有些还是天坑外罕见的品种。

在天坑内部探秘寻奇的过程中，我不断收获着惊喜。这份惊喜很少有人能与我在现场分享，更像一个我和天坑共同拥有的小秘密。一个个天坑，其实就是一个个植物物种基因库，为地球保留着珍贵的植物种子。

01. 大石围天坑绝壁上的硬叶兜兰
02. 坑底森林里的无花果
03. 盆距兰
04. 带叶兜兰
05. 美花石斛

乐业是新晋的『中国兰花之乡』。黄猄洞天坑有全球最大的野生居群莎叶兰和大香荚兰、全国唯一的野生居群带叶兜兰。

向北，丹霞美

文 覃妮娜

要不是『桂林山水甲天下』的声名那样远播，要不是广西喀斯特美得那样多姿多彩，要不是资源县在广西最北、最高、最边缘的山脉之上，资源八角寨的丹霞也许就能成为中国丹霞在世界地质遗产名录中领头的那一个！

资源丹霞的每一座山都雄浑挺拔，光洁圆润，峰顶都生长着植被，像戴着清凉的帽子。这些拔地而起的丹霞山数座连绵，分布广阔，蔚为壮观。目前资源丹霞已经是地质公园，而且是广西唯一的国家级地质公园。摄影＿张全堂

丹霞，这个地质名词是中国人创立的。1929年，在广东、广西进行地质调查的地学家冯景兰，注意到这一带广泛分布着红色沙砾岩层，岩层被侵蚀，形成了千姿百态的景观。在西方接受地质教育的他，立刻发现这种独特的地貌景观从未被西方学术著作提及。于是，一个以岩石色泽命名的新的地质名词“丹霞”诞生了。

在冯景兰发现并命名“丹霞”以前，西延州人就发现了丹霞的美丽与奇特——宋代的西延州，就管辖着今天属于资源县的这片大山。

八角寨是一座山的名字，一座山用一个“寨”做名字，这在岭南很常见。这里的山峰尖耸，山顶多因险阻不能登临，但凡略平的山顶大多曾建有寨堡，用以避难或防卫，后世寨堡遭废弃，只有山名以寨名流传下来。八角寨就是这样一个地方：它位于方圆大约24平方公里、形似梭子、地跨广西和湖南两省的盆地中。从八角寨的山顶向西南看，盆地中约四分之三的面积属广西资源县，并以主峰八角寨命名；往西北看，盆地中约四分之一的面积属湖南新宁县，叫崀山。

2001年，资源八角寨，以丹霞地貌成为广西第一个国家地质公园。这片丹霞保护区里只有几家相距甚远的农户居住。面对这些形象鲜明的山峰，这些独家村各自取了非常贴切的名字：大坨村、三百丘、莲子冲。在核心保护区之外，资江沿岸，天门山麓，还有更多的居民和丹霞地貌生活在一起。

壮年，群起

中国是世界丹霞主要分布区，因为它们基本都生成于两亿年前的中生代红色岩层。世界上其他地区的丹霞，大多生成于更古老的地层。这往往意味着它们埋藏得更深，出露的概率相对更小。

资源丹霞中，最高峰八角寨海拔814米。与周边其他丹霞圆滑的山头完全不同，八角寨山顶四方生有八个尖锐的犄角。因其形状和常见的香料八角有几分相似，故称八角寨。广西人说到这片丹霞地貌时，往往以八角寨统称。

从八角寨俯瞰，数十个如田螺造型的石峰排列有序，均朝一个方向做近45度的倾斜，样貌十分奇特。大大小小的石峰高差约在60~80米，显得跌宕起伏。在山谷的草木和云雾的衬映下，又似大海中的巨型鱼群在追逐嬉戏。

2010年，资源丹霞中心区的一座小山的部分山体崩塌了。塌落下来的浅红色沙岩在邻近的山坡上撒出长长一条像彗星一样的碎屑。原来胖萝卜一样的山峰，现在被削掉了一半，变苗条了。这种崩塌是丹霞发育的一种方式。可以看见岩石断面呈现出浅红色，与岩石山峰表面的灰色相差很大。那是由于岩石表面的氧化作用，或寄生物的颜色导致的，如同我们会

知地 丹霞申遗

丹霞美景八角寨，有8个龙头，其中6个在湖南崀山，2个位于广西资源。2010年8月「中国丹霞」被正式列入《世界遗产名录》。这次申报最先由湖南崀山提议，最终捆绑申报的6个风景区为福建泰宁、湖南莨山、广东丹霞山、江西龙虎山(包括龟峰)、浙江江郎山、贵州赤水。广西资源遗憾未参与申遗。

山高谷深，山石裸露，温差变化较大，因而时常可以看到半山以下云雾如带，起伏分合，云雾之上群峰如螺。坐井观天，甚是可爱。

被太阳晒黑一样。鉴定岩石的颜色，是要打开一个新的断面来判断的。

四年过去了，崩塌的岩石碎屑还是那样清晰，旁边的植物带，似乎并没有入侵那块浅红色岩砾，岩石间光秃秃的。在山下树林里，我们曾见过上世纪七十年代崩塌的岩石，已经被藤萝爬满。由此可见，地貌的改变是漫长的过程，我们有幸亲眼见证了资源丹霞的一次“生长”。要等这个崩塌的痕迹完全被植物掩盖，可能需要十年甚至更久，但如果我们此刻没有把它记录下来，后来的人也许就无法知道这次崩塌的准确信息。

中国地貌独特而丰富，但像“丹霞”和“天坑”这类由中国人创建的地质名词还是太少。认识世界，并参与建立识别它的系统，这是丹霞引领我们迈出的一步。

是猛男，也是暖男

中国各地的丹霞，有的以大为美，有的以色著称，有的延绵百里，有的孤峰独立。八角寨的丹霞，以形取胜。如果用比赛来形容中国丹霞的“竞技”，那各地的丹霞都能找出单项冠军，而资源的丹霞峰群将会以整体范围大、数量多和形象美，获得团体冠军。

资源的丹霞，在气质上属于男性。相比福建武夷丹霞宽大厚实的体态和浙江江郎丹霞垂垂老矣的孤峰，资源八角寨的丹霞山，外形高大雄浑，相对高差在400米左右，岩面光洁，体态圆润，山形挺拔，就像山峰中的肌肉男，明知道自己有一副好身板，自然要坦荡荡地亮出来。八角寨丹霞的“肤色”充满阳光，不管“大块头”还是“小个头”，峰顶都生长着植被，如恰到好处的发型。用入时的话来说，资源八角寨丹霞就是“有型”。

欣赏丹霞地貌，要从丹霞的特点着眼。丹霞地貌之所以被称为“丹霞”，主要是因为它的颜色——形成丹霞地貌的红色沙岩，大都是侏罗纪、白垩纪时期内陆盆地的河流、湖泊中的沉积物。

由于形成红色沙岩的地质年代气候炎热，沉积物中含有氧化铁——在古代，氧化铁最大的应用是当作颜料，颜色主要分为红、黄、黑。岩石中这些含量不等的锈色不断侵染，便形成了丹霞山浓淡各异的彩衣。

资源丹霞盆地中，沉积了来自周边高地的淡红色花岗岩和含少量石灰岩的角砾、泥沙，在漫长的历史进程中，松软的沉积物逐渐演化成厚达2 000多米的红色岩层。与其他丹霞山粗糙松软的红色岩层相比，这些混合有黏性灰色石灰岩沉积物的浅红色岩层，就是资源八角寨丹霞能形成明显区别于其他丹霞的、类似喀斯特峰林的漂亮形体的原因。

很久以后，原本带来沉积物的流水水位下降，侵蚀作用开始在盆地里进行，直到把这个盆地里的红岩层分割了800多米深。大多数山头在这个过程中失去了原有的高度，最终形成我们今天看到的资源八角寨丹霞地貌。

与周边的地形相比，这片丹霞地貌整体

这样大范围、密集，造型又完美的丹霞峰林，是丹霞地貌的壮年阶段，在国内外都非常罕见，因而八角寨又被赞为『丹霞之魂』。

仍旧处于较低的盆地内，四周的水汇集到此，山峰间溪流纵横，水分丰沛。

因为水分足，光秃秃的岩壁形成的反射光照强，山谷中的植被大部分时间都苍翠碧绿。寒冬一到，还来不及褪下绿衣的八角寨，又迎来另一番银装素裹的景致。雪景，是地处高山的资源县的精彩景致，每年都会如约而至，八角寨的雪景更像其中的"重头戏"——看着被雪花浸湿得愈发红润的岩壁，加上岩壁上那些被冰雪包裹的枝叶，山峰变成了一个个风尘仆仆、须眉尽染的巨人，别有一番景致。

为云台械斗

主峰八角寨还有另一个名字，叫云台山。山的东、西、南三面均为悬崖绝壁，只有沿着西南坡，资源梅溪乡的一条古老、陡峻的小路才能登上山顶。虽然上山的路只有一条，山也属于广西，可实际上山顶还有一半是湖南的"地盘"。

为这山顶属地的划分，两省的村民械斗了数十年。这片丹霞，就好比一套房子，客厅在广西，阳台在湖南。湖南人说阳台我有一半，所以要求从广西的客厅进去使用阳台。于是就有了纷争。这山里住的人，几辈以前本是兄弟、同乡，属界只是纸上的一条线，划过来划过去，又怎么分得清。于是，八角寨成了两省共用的最佳观景台。

爬丹霞山，人就像小蚂蚁在裸体的巨人身上挪动——岩壁光洁平滑，像裸露的肌肤。一开始，人如同在一段如屏风的山脊上攀登。坚持着爬上去，回望那来时的万仞绝壁，阶梯如一线，游人似串珠散落。半山中有一条栈道，岩壁深凹，栈道如裤腰带一样勒紧了巨人的肚子。另一些平缓地带的凹陷岩壁，在古代曾是平民香客们过夜的栖身之处。再往上，就到了巨人"肩膀"。路旁有小店，但招牌竟然是韩文的，让人颇觉意外。

登上814米的主峰八角寨，我不禁也学着游人数起顶峰的八个角。八个岩角中，最细的一角叫"龙头香"。此龙头香和武当山上的龙头香比起来，真可称得上是巨型。高峻的岩角如刀片竖立，最窄的一段约有十多米长，宽不及肩，上面飘着清渺的缕缕青烟。陡峭窄悬的岩面就已让我胆战心惊，更不要说走上前去燃一炷"龙头香"了。

八角寨山顶，竟然有一块上千平方米的平地，据说自宋代起，曾建有一座寺庙曰天心禅寺。想必当初天心禅寺香火鼎盛时，建有若干间殿宇，各个配殿都颇具规模，不然也不会有"寨"之名流传下来。如今只有小小的天宫寺一间，还是近年才建的，不过一两百平方米，进香的多数只是周边百姓。

从主峰下来，在巨蛋一样的山丘间沿着小路漫游，视线逼仄，只能看见身边的石坨，人如身处迷宫之中。走一段，看见一两块细长的田地，又走了很长的一段，才在树木掩映间露出一两户农家。山谷里静悄悄的，一两只狗安静地立在门前田埂上。若不是房檐下晒着新采的草药，我还以为这里是无人荒村呢。

深入大瑶山

文 杨小肃

摄影_王文伟

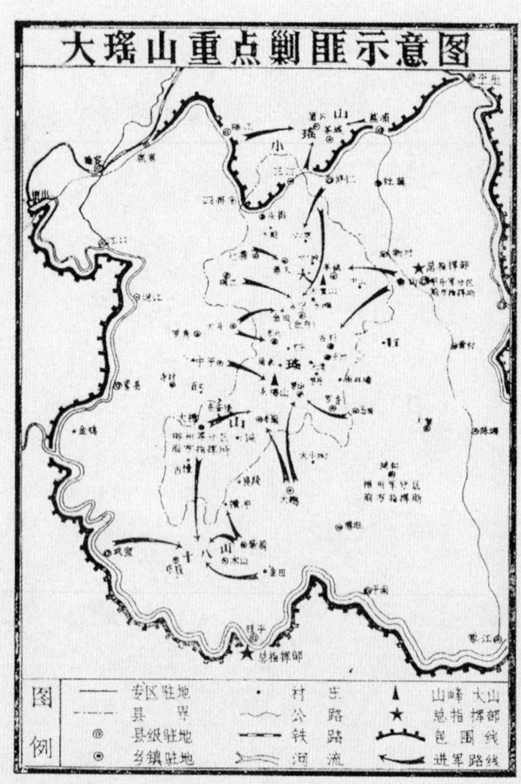

解放军大瑶山剿匪军用地图

供图＿金秀县档案馆

大瑶山地图诞生记

1999年，为纪念广西解放五十周年拍摄《解放广西》时，我作为执行总导演第一次去大瑶山。

在那里，我听到这样一个故事：1951年以前，大瑶山从未有过一份像样的地图。为了“填补”这个空白，解放军广西剿匪总指挥李天佑派了四十多支侦察小队，乔装潜入大瑶山，分片画出草图，然后绘成一张完整的大瑶山地图。随后找了当地几个工匠，用石印法印出地图，赶在总攻之前发给部队，这才使大瑶山的剿匪会战顺利取得胜利。

我们在当时的梧州市蒙山县档案馆拍摄到了这幅文物级的军用地图：手绘的线条标出进入瑶山的大小道路、河流、小溪，还有密密麻麻的地名、标志物和敌我双方的兵力部署。虽然以我浅薄的军事知识，无法看懂凭这张朴拙的地图如何指挥作战，但我能想象，如果没有这张图，部队一定进不了蔽天林莽的大瑶山。

大瑶山地图的旷古空白，似乎表明这座大山曾长期缺失于我们的视线，我们也因此缺失了对它的认知。广西海拔超过1 900米的高山，大瑶山位列第七。外人之所以很少涉足，大抵是由于潜在的风险，以及它的自我保护所形成的封闭环境。

不过，眼下正“潮”着扑向自然界、寻找原动力和归宿的人们，或许正由于大瑶山所遗存的各种稀缺物，反而更容易在这里大有所获。

“书香门第”之“香”

天然分泌香味的花，人们并不陌生，但是天生富含香味的草就不多见了。2006年，我们在广西桂林龙胜拍摄《森林之歌》时，就见到一种散发出樟脑与檀香混合香味的草，让我们十分着迷。于是，专门带了几包到北京，和大家分享。不料朋友们一见这些黄褐色的干草，竟大失所望。他们以为，长在广西森林里的香草应该与深受女人宠爱的薰衣草一样有美丽的外表。这种其貌不扬的香草名叫“灵香草”。

有资料说，最初灵香草是作为药材使用的，早在北宋时，就被一本官方医书《嘉佑本草》记录在案，称为“零陵香”。南宋地理学家周去非在广西任职后写的《岭外代答》也对灵香草有记述，说“零陵香出瑶洞及静江（静江府，今桂林）、融州（柳州市融安县）、象州（来宾市象州县）”。

五月的大瑶山，万木葱茏，我们在一处山谷见到了正值花期的灵香草——二三十厘米高的翠色小草，金黄色小花，闻上去并无香气。到了秋十月，我们再访那个空寂山谷，打算拍摄灵香草的收获场面。没想到，小溪旁翠绿依然，灵香草却不见了踪影。经过一番查访，我们总算在山民们特制的木棚里，拍摄到了烘制灵香草的场景。

灵香草有一个特点：连根带枝叶收下的灵香草，要用文火烘烤10余小时后才会有香气，如果放在比较封闭的衣柜和书橱里，香气经数年而不散。即便“香消玉陨”，用火烘一烘，又能香味如故。

“书香门第”这个词的意思应该无人不晓，但“书香”二字指的是什么香呢？大概很少有人知道此“香”恰恰跟灵香草有关。宁波的“天一阁”藏书楼，雅名海内皆闻。建造天一阁的范钦是明代大藏书家，曾在嘉靖年间担任过广西参政，驻守浔州（今桂平）。大概因为这点跟广西的关系，灵香草便有幸与天一阁沾了边。

天一阁所藏的古书最多时达7万余卷，历经400多年，纸质图书大部分保存完好，这不能不说是个奇迹。由于纸易燃易霉，防火和防虫总是古代藏书楼最头痛的两桩事。但是，范氏家族的十三代藏书人却做到了。

清代大诗人袁枚曾云：“久闻天一阁藏书，英石芸草辟蠹鱼。”并注释道：“书中夹芸草，橱下放英石，云收阴湿物也。”于是，“英石去湿，芸香辟蠹”，被后世坊间认为是范家独创的藏书秘法。

关于图书的防蛀，传说中的秘法是真的吗？经天一阁研究员骆兆平先生反复查访，“英石去湿”似乎不靠谱。因为至今放在天一阁书橱的“英石”尚在，是来自广东的石灰石。骆先生问过地矿学者，也做过试验，证明英石并无防潮作用。而“芸香辟蠹”此言应是不虚——天一阁保存的芸草标本，因年代久远，早已失味——但骆先生在《天一阁丛谈》里，记录了从1975年到1982年间，天一阁采用广西大瑶山的灵香草来防虫，发现其虽不能杀虫，但能驱虫，而且香气持久，是理想的藏书用药草。如此可知，零陵香、芸草可能就是灵香草。

比甘蔗更甜300倍

2013年拍摄《秘境广西》，我们的摄制组再度进入大瑶山。之前我们以肤浅的知识深信，甜叶菊就是自然界已知最甜的叶子。但当我喝过瑶山油茶后，发觉嘴巴里的微甜，似乎既隽永又蹊跷。于是，主人便说是加了点甜茶。这种看似普通的植物，瑶家人除了搁在油茶里，煎煮草药的时候也会放上一点，以冲淡某些苦涩之味。

“甜茶”其实是一种小灌木的叶子，瑶山里随处可见，屋后、溪边、山坡，无处不在。听说甜茶不容易移栽，也在乎土质和水肥，但我怀疑那是托词——野生甜茶太多，采还忙不过来，谁会去种呢？拍摄时，我们总要留神，否则一不小心就会被它满是尖刺的翠绿枝干所伤。

加入油茶和草药里，仅仅是甜茶这种蔗糖替代物的入门用法。研究甜茶的朋友、广西师范大学陈全斌教授告诉我，这种植物是蔷薇科悬钩子属的一个新种，1981年经广西植物研究所李树刚教授鉴定。后来的研究表明，甜茶的甜度是蔗糖的300余倍，不仅有超强的甜味，还有两个妙用：缓解花粉过敏和解酒。酒后，大瑶山金秀瑶族自治县的朋友让我喝一杯甜茶，果然可以消解醉意。早在上世纪80年代，日本就从广西大量收购大瑶山甜茶。

专家告诉我，广西有三大甜味植物——甜叶菊、罗汉果和甜茶，它们的甜度都是蔗糖的300余倍。它们是自然界最甜的东西了吗？当然不是，非洲热带雨林有一种植物果实的提取物叫“索马丁”，甜度是蔗糖的3万倍，与糖精相当。另一种更甜的植物“卡坦菲”生长在非洲西部加纳的森林里，其提取物的甜度居然是蔗糖的60万倍。

瑶医最神奇的是药浴与接骨

大瑶山的原住民包括五个瑶族支系：盘瑶、花篮瑶、茶山瑶、山子瑶、坳瑶。数百年前，他们便迁居瑶山，耕耘繁衍，自成体系。时至今日，他们依然是一个天生与各种植物有亲近感的族群。

世居大山的瑶民对自然物的认知远超过我们，他们从小就明白，哪些能吃，哪些能用，什么东西是什么味道，何种东西碰不得，某种叶子或者枝条能在棉和丝织物上染出一种好看的颜色。而在这些方面我们则懵懂无知。当然，大瑶山里对植物最熟悉的人莫过于“瑶医”。

在大瑶山的腹地六巷乡，我们找到一位名叫李成芬的老汉，他是此地比较有名的瑶医。六巷是距离金秀县城最远的行政乡，位于大瑶山南麓。

如果从县城去六巷，需要绕道桐木镇，穿越象州县地界，再回金秀界，然后上山、下山……才能抵达百余公里外的六巷。所以，六巷乡的干部到

大瑶山的气候冬暖夏凉，日照少，阴雨天多，湿度大，年均相对湿度高达83%。这样的居住环境理论上是风湿病的高发地区，但事实却恰恰相反。生活在大瑶山里的瑶族人很少有得风湿病的，这都得益于师法自然的瑶族医药。这些瑶药看起来与中药很像吧，毕竟两者都是大自然的馈赠。摄影 _ 王牧

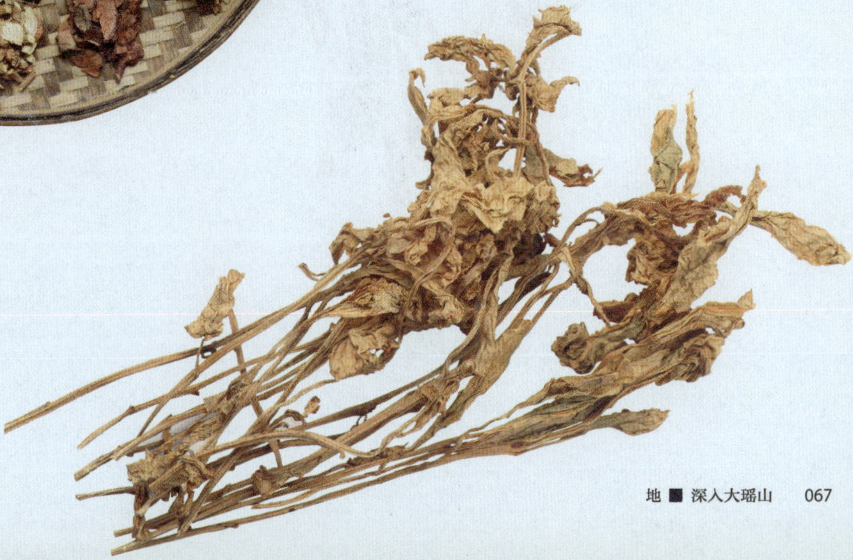

当窗介石苔俱古，触手灵芸虫不生。——钱维乔

多多积卷传司马，细细芸香辟蠹鱼。——忻思行

英石厨头架，香芸卷里攒。——忻自淑

灵香草干草、鲜草

插画 _ 人五

来宾市金秀瑶族自治县的古战屯，是进入大瑶山最先到达的村庄。“古战屯”也许得名于这里曾是瑶民守卫大瑶山腹地的战场。这些黄墙黑瓦的漂亮民宅如今基本没有人住了，跟其他地方一样，这里的村民大多也都出去打工了。摄影_张小宁

金秀县城开会，必是头天晚上住到县城，否则便赶不上上午的会。

1988年，通往六巷的这条险峻公路才通车。那年，已经74岁高龄的费孝通先生第五次到大瑶山，曾不顾艰险，坚持前往六巷。

李成芬家住六巷乡古架村，这里正好在大瑶山主峰圣堂山的山腰上。这位李瑶医长年走在瑶山里，在缺乏现代医疗条件的大山深处，运用他们世代传承的草药和验方，治病救人，是瑶山血脉得以延续的“土药师”、“土医师”。

瑶医似乎更重视草药的传承。许多被反复验证过的草药都编有“歌诀”，与中医汤头歌颇类似，像“叶里藏浆拔毒功”、“节大跌打驳骨雄”等等，就是把植物的外形特点与药效结合起来的“药谚”，更利于口口相传。

在“赤脚医生”盛行的那个年代，广西曾经将常见的中草药编成《广西中草药》一书，广为流传，书中搜集到的瑶山草药应该也不少。广西是中国中草药植物最丰富的省份之一，而大瑶山则是广西的翘楚。

李成芬告诉我们，他掌握的草药约有上千种，可分四大类：五虎、九牛、十八钻、七十二风。这些词乍一听很是威猛，在梁羽生先生的武侠故事中也能见到——顺便插一句，大名鼎鼎的梁先生就是大瑶山下的蒙山人，抗战时期，他曾与家人避难瑶山中。

多年前，我们曾在桂北龙胜县拍摄一户盘瑶人家洗“庞桶浴”。他们并非瑶医，但他们洗浴用的二十多种植物，全是打小就熟稔的草药，随手采回来，堆在一口大锅里熬成药用的“洗澡水”。

“庞桶”就是一只齐腰深，约莫半米直径的椭圆形木桶。他们一家人洗药浴的顺序是从老到小，假如家里有病号或刚生完孩子的妇人，则需分别洗，而且所用的草药也有所区别。李成芬说，就像你们每天要洗澡一样，瑶族人在春夏之际，湿气、暑气重的时候，更是经常洗药浴，主要是健体强身。

知地 西种医学

传统医学使用被经验证明有效的植物、动物、矿物进行治疗，在所有社会中，这一治疗最初都会夹杂宗教仪式或巫术。英国医生威廉·哈维于1628年发表血液循环理论，标志现代医学的开端。后者常见的不足是忽视了精神因素和人体的自愈力。

李瑶医最拿手的医术是外伤接骨。我们等到了一个他外出疗伤的机会——病号是一位乡村铁匠，姓陆，四十岁左右，一星期前从木梯上摔下来，小腿粉碎性骨折。当时铁匠已经在乡卫生院敷药、上夹板，但是整条腿红肿，疼痛一直未减，因此才延请李瑶医给他诊治。

在中平镇那位铁匠家中，我们第一次见识了瑶医接骨。熬制好的草药是老李从家中带来的，在铁匠家的厨房里，老李把深棕色的药膏加温后，摊在一张蕉叶上铺匀，随后便直接敷裹到伤腿上，蕉叶外面再用纱布缠好。整个过程不过十多分钟。尽管卫生院的X光片显示，铁匠的右小腿骨折很严重，但李瑶医却说，如果只是骨折，他最多用两副药就能接上，而且也不用夹板固定。一个月以后，我们通过电话打听铁匠的腿伤，李瑶医说，只用了一副药，早就走路了。而且，这段时间里老李又给三个人接了骨，其中两人还是肋骨骨折。

每次诊治过后，李成芬总要把病人的情况记在一个随身的小本里。当我们试图拍摄那个小本子时，被他拒绝了。他说那是他的秘密，只能传给他的徒弟。瑶医的技艺多是家传，倒不在乎传子还是传女。

李成芬那个“传家宝”虽然没让拍，但还是让我们看了——那是一份并不多见的瑶医手稿，李成芬曾当过生产队的会计，高小文化，所以小本子里文图并茂。他最擅长用一种“火灸”来治疗杂症，“火灸”就是用某些有药物成分的植物枝条，点燃后在人体穴位上治病的方法。手稿里画有各种穴位的位置，有他给不同病人治疗的手法和心得。

老李已届七旬，家族中他最看好的“接班人”就是自己的孙女。不过眼下这还是一个未知数，因为孙女从医学院毕业后没有选择回到瑶山，而是留在了城市。

费孝通和王同惠，使命

六巷深藏瑶山，曾经与世隔绝。

当年，费孝通及妻子王同惠，一个25岁，一个24岁，婚后的第一件事，就是离开北京前往广西大瑶山做人类学调查。108天之后，王同惠不幸在六巷罹难。后来，为了纪念爱妻，也为了学术，费先生出版了亡妻的遗著《花篮瑶社会组织》，并写下这样一段话：“瑶山并不是陷阱，更不是可怕的地狱。瑶山是充满着友爱的桃源……我们只希望同情我们的朋友不住地在这路上走，使中国文化能得到一个正确的研究路径。”

关于费老和妻子80年前在六巷的经历，许多文章都有记述，如费先生误落捕虎陷阱，妻子找人营救、不慎坠崖身亡等情节。六巷迄今仍有王同惠纪念亭可供追念。但关于费、王二人在广西的故事，还有一件颇值得一提。

斯时，费先生把信奉基督的妻子安葬于梧州一教堂的墓地，并立碑存念。抗战时期的某一天，日机轰炸梧州，一位叫张文芬的小姑娘正在墓地玩耍，炸弹袭来之时，张文芬被王同惠墓旁的铁链费先生出版了亡妻的遗著《花篮瑶社会组织》，并写下这样一段话：『瑶山并不是陷阱，更不是可怕的地狱。瑶山是充满着友爱的桃源……』

绊倒，结果两个同学被炸死，她竟毫发无损。从此，张姑娘便常到墓地洒扫，以感谢她的庇护神。上世纪五十年代的“反右”运动时，王墓遭毁，张文芬挺身保护王同惠骨殖，将火化后的骨灰寄交北京的费先生。

而费孝通亲题的墓碑，也曾下落不明。“文革”期间，梧州第五中学老师邱艾军，在“劳动改造”时挖到一块石碑。这位邱老师曾读过费孝通的书，知道是王同惠的墓碑，便悄悄把石碑藏好。1979年，邱老师夫人刘志鹏致信费先生，并附上铅笔拓下的碑文。费孝通在回信中用这样的话表达了自己的感激：“……拜托你照顾此碑，也是我的一桩心事。”

行文至此，不知为什么我忽然又想到了灵香草，于是拨通了老朋友、广西植物研究所黄仕训研究员的电话，请他在所里的标本馆帮查一下，最早的灵香草标本是何时采集的。很快结果就有了：植物所保存的灵香草标本，是一个叫黄志的人采到的，鉴定人是中国著名植物学家陈焕镛、侯宽昭，时间是1936年7月8日，地点是金秀六巷。这位叫黄志的植物学者见到灵香草的时间，竟然只比费、王二人晚了一年，距今也有78年。

大瑶山就是这样，一直在那里，并以其特有的方式记录它身边所发生的事情，为了我们这些探访者，也为了它自己的存在。

摄影 _ 张小宁

摄影 施兴良

道

从盆地到海洋的突围

文 萧春雷

作为南北通道的广西
从秦汉至唐，广西的重要性主要在于它是中原沟通交趾和广州的大通道的一部分。

广西民谚说："兴安高万丈，水往两头流。"不要被这句话吓倒——其实兴安县城海拔只有220米，比分处南北的桂林市区和全州县城仅高五六十米而已。但这点高度就足以让兴安人有了一种居高临下的优越感。兴安县旅游局的岳启海先生自豪地说："我们县有两条大河，湘江北去，漓水南下。桂林人、全州人来兴安叫上兴安，我们就说下桂林、下全州。"

湘江与漓江，在兴安县的大山中擦肩而过，相距约30多公里。两千多年前，为岭南战事忙得焦头烂额的大秦帝国官员注意到这一点后，便产生一个灵感——如果建条运河，沟通长江支流湘江与珠江支流漓江，军队和物资就可以通过水运，源源不断地从富庶的荆州运抵荒蛮的岭南了。这条沟通两大水系的运河叫灵渠，随着渠通水流，秦始皇赢得了岭南战事，征服了南越少数民族，设立南海、桂林、象郡三郡。岭南地区第一次被纳入中央王朝版图。

灵渠边的兴安县城，仿佛为守护这座两千多年的水利工程而建。从湘江分出的三分河水，沿南渠穿过县城，形成了一段商铺林立的繁华水街，让小城兴安显得如此漂亮迷人。

我们来到兴安，主要目的是为了考察湘桂走廊。湘桂走廊是南岭越城岭和都庞岭之间的谷道，地势低平，山谷宽敞，是沟通岭南岭北最便捷的通道。自汉唐时期，就存在这样一条从首都长安出发，经襄樊、荆州、长沙、永州、桂林、梧州到广州的南北大通道，它以汉江、湘江、漓江、西江水路为主，沟通了黄河、长江和珠江三大流域。兴安县内的灵渠，就是湘桂走廊上的一个关键节点。

通过湘桂走廊，中原文化源源不断输入岭南。虽然兴安县的严关才是真正的楚粤分界线，但随着大量移民南下，桂东北桂林、桂中柳州都变成了官话区，具有明显的湖湘文化的特色。我们在柳州的小店里吃著名的螺蛳粉，通红的辣椒，把在北海、南宁生活多年的摄影师韦纲辣得嘴唇哆嗦，无法下口，只好到其他店买榴梿饼充饥。这一带的很多居民，祖上是从湖南、江西迁来的，带来了嗜辣的饮食习惯。

从秦汉至唐，今越南北部一直是中国的郡县，称交趾或交州，北部湾则是中国的内海。历朝对广西的统御只是为了疆土，广西的重要性，主要在于它是中原沟通交趾和广州的大通道的一部分，所以只有通道所经的桂东得到开发，远离通道的桂西则完全被忽略。

梧州是桂东重镇，扼守西江水道，也是广西内河航运的总枢纽。从湘江经灵渠转运到漓江的物资，可顺漓江、桂江抵达梧州。从梧州再分出两条路：一条是沿西江顺流而下，直达广州；另一条上溯西江至藤县，逆支流北流江南行，陆路过桂门关（即鬼门关），再顺南流江至合浦，最后出海至交趾郡（今越南河内）。

对于北方人来说，广西气候湿热，多传染病，很难适应。《宋朝事实类苑》说，岭南诸州多瘴毒，外地官员“生还者十无二三。虽幸而免死，亦多中岚气，容气变黑，数岁发作，频难治疗”。直到唐宋时期，广西还是流放罪人的地方。唐代文学家柳宗元说：“过洞庭，上湘江，非有罪左迁者罕至。”很不幸，他自己就被贬到广西当柳州刺史，写下了不少悲悲戚戚的诗歌。比较起来，福建开发更迟，汉武帝时才派汉军入闽，还迁空了当地居民，但到宋代，福建的文化已经高度发达，早已摆脱流放地身份了。

被边缘化的广西

北宋定都汴京（今开封），对广西来说是一个噩耗，因为这标志着中国政治中心东移，南北大通道也随之东移。

南岭共有五列近乎平行的纵向山脉，山脉之间的谷地就是过岭通道，西部的越城岭道（永州—桂林，即湘桂走廊）和萌渚岭道（道县—贺州，又称临贺道）都在广西，中间的骑田岭道（蓝山—连州）直接沟通湘粤，东部的大庾岭道（赣州—南雄，又称梅岭道）连接赣粤。这几条过岭道路中，以全程水运的湘桂走廊最为便捷，唐以前一直是主要过岭通道。宋元明清时期，依靠大运河沟通黄河和长江，从江西溯赣江而上，过大庾岭（梅岭），在南雄下浈水、北江至广州，

从技术及历史意义上讲，灵渠都堪比长城。

刘三姐是壮族的民间传说人物，有『歌仙』之誉。

《刘三姐》是1960年由长春电影制片厂摄制、苏里执导的故事影片，主演黄婉秋。

刘三姐还是王小波短篇小说《歌仙》中的主角，她歌喉清丽、形貌陋劣，最终没有收获爱情。

成为最便捷的南北通道。湖南、广西因此渐渐被边缘化了。

忻城县位于红水河下游，近90%的人口为壮族，当地以壮锦、金银花、珍珠糯玉米、桑蚕和佛手瓜著名，还有就是号称“壮乡故宫”的莫土司衙署。忻城于唐初建县，为芝州治，明弘治九年（1496）降为土县，由莫氏世袭土官至清末1906年，莫氏实际统治忻城达411年，跨越两个朝代。“刘三姐当年嫌弃我们的莫老爷，游客看了画像，都说原来莫老爷是高富帅啊，如果是现在，刘三姐一定从了。”亲自为我们解说的忻城县旅游局副局长曾艳群笑着说，“刘三姐是虚构的，传说是宜州人，但电影里的莫怀仁是真的，是莫府第12代土司。历史上的莫老爷挺开明的。”莫土司衙署也是电影《刘三姐》中莫府的取景地，比较简陋，建筑群仿汉式风格，包括门楼、院落、屋顶、隔扇等等，甚至还建了座“祖德流芳”的莫家宗祠。

我有点诧异，广西地区在汉代就实行了郡县制，由中央政府直接统治，没想到却在一千年后的元明时期又回到了土司制。《明史》称：“广西惟桂林与平乐、浔州、梧州未设土官。”看来明代除了桂东一线外，几乎遍地土司。我向广西民族大学民族研究中心主任李富强请教：从郡县制到土司制，是否是一种退步？

他声明自己并没有研究土司制度，谈的仅是个人看法：“土司给广西没带来多少积极的东西，消极的东西却很多。土司统治很野蛮，落后。但是我们不能从汉族中心主义看问题，土司制度是尊重少数民族的一种间接统治。”

我相信，广西多数地区在元明清时期实行土司制，正是广西边缘化的结果。换句话说，在全国这盘大棋中，广西变得无足轻重了。交趾在唐末就已失去，去广州另辟有大庾岭道，中央王朝不愿为这片“蛮夷”之地投入人力物力，遂使出“以夷制夷”的手段，但求不要出事而已。广西的发展非常缓慢，这是一个重要原因。

作为广东腹地的广西

清末民初，挟带资金、技术和白话优势，粤商控制了广西各地市场，时有“无东不成市，无市不趋东”的说法。

在广西的城市里，梧州或许是最失意的一个。梧州没有佳山水，甚至缺乏平地，坐落在桂江和西江交汇处阶地上的老城，窄小如一片指甲，仿佛随时要滑落江中。群山耸峙，缺乏建筑空间的新城像山地库湾，漫过一个又一个山谷。

在水运时代，梧州曾以商贸发达闻名。如今世易时移，但梧州人的自豪感还在。“梧州是最早的岭南首府。公元前111年，汉武帝在梧州设置广信县，这个广信县不但是苍梧郡治，还是交趾刺史部的治所，管辖整个岭南

“以舟为居”、“浮家江海”的疍民，绝大对分已经上岸定居，过着半农半渔、半工半渔或半商半渔的生活，甚至有相当一部分已彻底脱离了传统的渔鱼生活。在西南、东南沿江沿海地区，已经很少看到他们的船屋了。不过在广西梧州等地，还有一些相对集中的疍家船只。他们像祖先一样生活在船上，靠水吃水，秉承传统，生活自在。摄影_林帝浣

远离工业污染的火山岛—涠洲岛，夏无酷暑，冬无严寒，十分适合种植香蕉。火山岛特有的富钾土和富含微量元素的矿泉水，以及适合的气候，使得涠洲岛上的香蕉色泽鲜艳，口感细腻，香甜美味，品质很高，是岛上最主要的经济作物。摄影_韦纲

粤语可能起源于梧州。由于地处西江咽喉，百年前梧州曾是「广西最富庶城市」。如今整个梧州都是骑楼博物馆，梧州骑楼的特色是铁环和水门。

九郡。东汉的交州刺史部治所也设在梧州——那时候还没有广州。梧州还是白话发源地……”梧州旅游局的彭志创先生还兼任梧州历史研究会副会长，一讲起来就滔滔不绝。

“你没说错吧？”我吃了一惊，打断他的话，“我以为梧州的白话是广东传来的，你的意思是白话起源于梧州，然后传到了广州？”

“没错。”彭先生肯定地说，“白话发源于古广信县，就在梧州。只是后来以广州话为标准而已。这不是我们梧州人说的，是广东中山大学的语言学家发表的一篇论文上说的，你可以上网去查。”

历史上被称为“三江总汇”、“两广咽喉”的梧州，扼守广西东大门，东距广东肇庆市的封开县不过20多公里。梧州的优势是毗邻广东，其建城史虽然有两千多年，但只有在广东发达以后，大量移民溯江而上，梧州的重要性才充分显露出来。

广西的原住居民叫西瓯、骆越，是先秦时期散布于我国东南沿海的百越民族的一支，后来演化出壮侗语族，包括今天的壮、侗、布依、仫佬、毛南、水等少数民族。他们是这块土地的主人，世世代代居住于此。瑶、苗

日射涠洲郭，风斜别岛洋。交池悬宝藏，长夜发珠光。

属于苗瑶语族，宋元以后才从湖南迁入广西。从秦汉开始，历代都有汉族移民从湘桂走廊入境，先在桂东北落脚，接着从北到南推进，沿漓江南下梧州、桂平、玉林、廉州等地。因为移民人数有限，明代还有“民（汉族）三壮七”的说法，汉族只在桂东部分地区占有优势。

两广的发展原来差不多，唐代设岭南东西两道，宋代设广南东西两路，两广逐渐分治，同时广州港崛起。元明清时期，广西在少数民族地区实行土司制，大小土司各据一方，侵夺仇杀，禁止土著与汉族交往，严重妨碍了社会进步；广东则借助港口贸易优势得到快速发展，到明末已人满为患，开始向广西移民。

明清时期的广西移民与历代不同，主流为广府人和客家人。移民们溯西江而上梧州、桂平，再分头沿着黔江、郁江上游深入内地，从东向西推进。清廷也在广西进行“改土归流”，逐渐取缔土司权力。

这波移民浪潮很大，壮族的生存空间受到挤压，向西部山区退却。清末桂东地区已经汉化，东北部说官话，南部则是粤方言、客方言的天下；桂西红水河流域、左右江流域，成为壮族和瑶族聚居区。

梧州的黄金时代是1897年开埠带来的。民国年间出版的《广西省农村调查》说：“举凡邕江柳江桂江往来客货，即全桂及滇黔一部分之客货，均经梧州出入……交通便利，实居全省之冠。”梧州外运的货物，顺流而下，直抵粤港。有资料说广西全省进出口货物的80%以上经过梧州。

广西运往广东和国外的货物主要有粮油、牲畜、桐油、矿产品、牛皮、桂皮等土特产品，广东则输向广西棉布、棉纱、瓷器、火柴、文具、绸缎等日用消费品。挟带资金、技术和白话优势，粤商控制了广西各地市场，时有“无东不成市，无市不趋东”的说法。所以，在珠江上下游区域经济的分工体系里，会有“广西是广东的经济腹地”一说。

骑楼是源自南洋的一种建筑样式，前店后宅，遮风避雨，特别适合多雨的南方商业城镇。骑楼民国初年被引进广东，随着广东文化的强势扩张，上世纪二三十年代向海南、广西、福建推广。粤商势力强大的桂东南县市，例如梧州、南宁、玉林、北海、钦州、藤县、贵县、北流等地，几乎都有大片骑楼街。

梧州的骑楼街很有名，目前还有20多条，不过多数已相当残破。同行的广西作家覃妮娜指着路边二楼墙外的一排铁环，让我猜有什么用途。我猜不着。她说那是用来拴小船的，骑楼街位于老城之外的江边，地势较低，每年都要被江水淹一两次，那时人们就须乘船出行、从二楼出入。梧州骑楼街每年定期经受洪水“洗礼”，历经80多年，直到前几年修建防洪堤后才告结束。

摄影_林帝浣

桂D06984
桂D 06984

作为边疆的广西

一个多世纪以来，中法战争、抗美援越、中越自卫反击战，使广西成为警钟长鸣的边防前线，也再度影响了广西的经济发展和城市建设。

唐以前越南北部属于中国，曾设置交趾、九真、日南三郡。五代以后交趾脱离中国成为藩属国，向中央王朝称臣纳贡，虽然时有冲突，但很少发生威胁国家安全的重大战事。因此在古代，广西更适当的称呼是边陲，而非边疆。

钦廉地区原属广东，与越南接壤，历史上交往密切。明《太宗实录》记载巡按交趾监察御史黄宗载的话说，“（交趾）今府、州县多系两广、云南等处岁贡生员下第举人”。就是说，明朝很多边地秀才跑到交趾国担任地方官员。据广西民族大学的刘志强先生统计，明代钦州、廉州和灵山县在交趾为官者达47人；也有交趾人在明廷担任官职，如阮安为北京城的总设计师、胡元澄任工部尚书。

边界，是现代国家才有的。古代的中国其实并非国家，而是天朝，皇帝叫天子，普天之下莫非王土。但王土有等级之分，核心地区是皇帝直接统治的郡县；外面一圈是与天朝有朝贡和册封关系的藩属国，例如朝鲜、琉球、越南、暹罗、缅甸，拱卫四周；最外围才是仅仅互市的蛮夷。中国与藩属国之间，历来只有藩界，没有国界。清雍正年间，安南国（越南）侵占了云南四十里地，雍正帝说：“此四十里地，在云南为朕之内地，在安南仍为朕之外藩，一毫无所分别。”就送给安南国王守护管理。

直到19世纪中法战争后，广西才成为一个边疆省份，有了一条现代意义上的国境线。

当法国吞并越南之后，广西突然面临一个不肯称臣纳贡的国家，情况发生了重大变化。全局观之，中法战争双方各有胜负，法军在镇南关虽遭败绩，但赢了马江海战，并占据澎湖封锁台湾。两广总督张之洞在镇南关大捷后主张暂缓收军，朝廷的回答耐人寻味：“纵再有进步，越地终非我有，而全台隶我版图，援断饷绝，一失难复。”意思是说再怎么赢，越南的地盘终不会归属大清。这是因为中国作为宗主国，吞并藩属国的国土，有损天朝形象，更让其他如朝鲜、缅甸等藩属国寒心，万万不可。先前法国曾向清廷提议以红河（今越南境内）为界瓜分越南，清廷不答应，也是出于这种考虑。所以在越南和台湾之间，清廷选择了本土台湾。

于是根据《中法会订越南条约》，中法共同勘定中越边界，广西成了边疆，有了边务。

北仑河口竹山半岛立着一方石碑，上书“光绪拾陆年贰月立 大清国钦州界 知州事李受彤书”。这是1890年钦州知府李受彤手书的大清国一号界碑，也是我国南部海陆边界的交汇点。这块沉重的国界碑，标志着越南正式与传统宗主国分道扬镳，转而依附法国。

我对比了一下宋代以来的中国历史地图，中越都是以北仑河口为界。虽然很多人说中法战争“中国不败而败”，但大清国并没有丢失国土，这对于羸弱的晚清已经很难得了。这中间少不得两位钦州名将的功劳。

我到钦州后，才知道冯子材和刘永福的故居都在这里。冯子材的故居青砖筒瓦，硬山，屋脊高翘，看上去质朴硬朗，屋前有冯子材的塑像。他指挥镇南关战役时70岁，已经从广西提督任上退休，回乡养老，因为继任广西提督战败自杀，他被临时起用，一战成名，被历史永远铭记。

刘永福与冯子材的经历有点相似，都出身底层，年轻时起义造反，再接受招安为朝廷效力。但刘永福还有些特殊，他率领的黑旗军在国内无法立足，便进入越南境内屯垦。法军进犯越南时，清军不便进入越南公开作战，便暗中资助黑旗军抗法。刘永福打了几场胜仗，先被越南阮氏王朝封爵，然后才成为大清提督。刘永福的故居很大，院墙甚高，房屋都是二层。印象最深的，是进门右边的一座大谷仓，似乎他晚年还在囤积粮草，准备召集黑旗军再战。

移民戍边促进了左江流域的开发。清廷招引内地工匠和商人来到沿边地区，并鼓励戍边将士与当地居民通婚，荒野之地渐成城镇。中法约定的开埠口岸龙州则成为中越贸易的中心。如今，北部湾沿岸仍处处是旧日边疆遗迹。遥遥突出海岸线的白龙炮台，左右兼顾，扼守防城江口和北仑河口。登台西望，隐约可见京族三岛上的金滩，再远处便是苍茫的越南海域。

作为边疆的广西，战略地位变得非常重要。

“游移”的首府

行政中心从西南的南宁撤退到东北的桂林，表明宋朝在广西地区没有进取雄心，而是以安全为主要考虑，消极管理。

桂林是一座历史悠久、闻名中外的风景城市。我在桂林街头遇到的外国游客，比厦门还多。不少游客到了桂林才知道，原来广西壮族自治区的首府不在漂亮的桂林，而在南宁，一座默默无闻、毫无特色的城市。与许多省区一样，广西南北的这两座城市在许多方面都各有高下，互不服气，且由来已久。

南宁位于广西盆地西南部。唐代后期，朝廷将岭南道一分为二，在今广西境内设岭南西道，治所就设在邕州（南宁），目的是为了就近控制左右江流域的民族地区。严格说来，岭南西道并没有涵盖今广西全境，存在的时间也很短，但却是在广西第一次设置的省级政区。日后，当桂林人嘲笑南宁没有历史时，南宁人便回击说：广西最早的政治中心就在南宁。

「白话」有两个意思：白话文是与文言文相对的一种文字表达方式，而白话音即民间方言。韵白（中州韵）、京白（北京话）、苏白（苏州话）、广白（粤语、广州话）为中国四大白话。南宁白话属于粤语的邕浔方言片，是粤语的子方言。南宁官话则是一个历史名词，如今会说者不足百人。

延伸阅读 更精彩

涠洲岛是近几年来知名度迅速上升的广西著名旅游地，尤其冬天赶赴涠洲岛的游人颇多，大有取代三亚之势。涠洲岛的气质沉静、内敛，像一个环游世界之后选择偏居一隅的贵族，愿与渔邻共家话。摄影_张展

斜阳岛被称为“中国的马尔代夫”，是个神秘的小岛，就连常年出海的渔民，也鲜有踏足其上者。岛上居民很少，民风纯朴，颇有世外桃源的味道。摄影_张展宋初交趾已失，统治者考虑到邕州深陷少数民族的汪洋大海，很不安全，遂将广南西路的政治中心设在桂州（桂林）。桂林位于桂东北，紧邻湘桂走廊，历代均为中原王朝经略岭南的桥头堡，汉文化在当地占有优势，进可以向西、向南发展，退足以自守。不过，行政中心从西南撤退到东北，表明宋朝在广西地区没有进取雄心，而是以安全为主要考虑，消极管理。这与宋以后南北大通道向东转移到大庾岭、广西被边缘化有关。元明时期，朝廷广设土司，避免民（汉人）壮冲突，继续株守桂林。清廷倒是想有所作为，推行“改土归流”政策，削弱土司势力，但出于历史惯性，省会继续留在桂林。

千年首府，给桂林打下了深厚的文化基础。据郭培贵、赵丽美在《明代广西进士人数及其地理分布考述》一文中考证，明代广西进士总数201人，其中桂林府100人，柳州府35人，梧州府23人，南宁府12人。据滕兰花于《清代广西进士分布的差异及其形成原因》一文中的研究，清代广西共有进士585名，其中桂林府298名，柳州府27名，梧州府50名，南宁府38名。可见明清两代，桂林一府独大，进士人数占据全省半壁江山。

进士是古代高等级的文化人才，数量优势往往转化为文化优势。如果我们把桂东梧州和桂西地区撇开，单就南北而论，桂林、平乐、柳州、庆远（今宜山）等桂北诸府，在文化上以绝对优势压倒南宁、浔州（今桂平）、郁林（今玉林）、廉州等桂南诸府。

然而桂林从东北一隅遥控广西全境，实在太不方便了，明代就有人抱怨，但这时还没人敢提迁省，他们想到的是分省。嘉靖年间的广西按察使张岳在《南宁府志》中提出：将广西东部的桂林、平乐、梧州与湖南的衡州、永州、宝庆、郴州合并为广西省，省会在桂林。而广西中西部的其他府州与广东的廉州合并成立一个新省，省会设于南宁，这样就便于管理左右江流域的壮族。

也许是受张岳的启发，清末陈庆林在民国《邕宁县志》里提出了另一个分省方案：合并广东西南部的高州、雷州、廉州、钦州，海南岛上的琼州、崖州，广西南部的南宁、太平、郁林、上思等府州厅，成立一个“南粤省”或“南海省”，省会选在南宁。总之，作为桂南老大，南宁的省会之梦已经做很久了。

没想到这些纸上谈兵，在中法战争之后竟有了实现可能。1906年，两广总督岑春煊、广西巡抚林绍年向朝廷请求将广西省会迁移到南宁，理由是：“惟广西桂林省城僻在东北一隅，去所辖州县有远至二千五六百里者，平时已觉控制不便，有事更觉呼应不灵……臣等再四筹商，自应移巡抚驻扎南宁，即建为省会，上接云南，下连广东，前俯越防，后蔽全省，屹然重镇，控制最宜。比之桂林地既居中，又称繁庶，于吏事、民情亦极便适。”这些理由并不新鲜，其中很值得我们重视的一句话是南宁比桂林“繁庶”。这时已是清末，邕江上下游的龙州与梧州均已开埠，带动了南宁的发展。再过一年，南宁自行开埠，商贸之繁荣，更远超桂林。但我们记得桂林科举发达，朝中很多高官，他们不愿省会迁离家乡，便以迁省费用浩繁为理由反对。清廷乐得省钱，省会没有迁成。

到了1949年10月，解放军兵临桂林，新桂系匆匆将省政府及各重要机关迁往南宁，一个多月后南宁解放。新中国的广西省会设在哪里？中共广西省委拿不定主意，于是将桂林、柳州和南宁三个方案上报中央。

最后，毛泽东选定了南宁方案。尘埃落定，广西的政治文化中心转移到了西南部。这也意味着，广西的经济建设重心随之南移。

钦廉改隶

晚清国门敞开，广西也萌生了要个出海口的念头，看中的就是南部的钦廉四属。

虽然《汉书·地理志》中记载了徐闻港、合浦港被称为“海上丝绸之路”始发港，但那是2 000年前的事。六朝以后，广州港崛起，海上贸易线路东移，环北部湾的海港似乎都变成了渔港，几乎退出了中国航海史。今日北部湾给人印象最深的，一是海鲜丰富，二是海岸优美。北部湾属于热带海域，其水产与黄海、东海不同，花色品类繁多，滋味鲜美。因为开发最迟，广西许多地方保存着天然岸线，连山浮海的红树林，曲折的港湾，壮丽的礁岩，辽阔的滩涂，无垠的沙滩……

钦廉是富饶之地。“吾乡鲜荔子，甘美更多汁。亦有野湖莲，雨过初不涩。三年来北地，怀此终胡得。”清代钦州诗人冯敏昌寓居北京怀念家乡时这样写道。钦廉地区盛产荔枝、龙眼、杧果、香蕉等热带水果。我们在灵山县大芦村采访时，看见池塘边，古宅旁，一株株苍翠的荔枝树上挂着累累青果。“你们没有口福，我们这里是荔枝之乡，出产广西最好的灵山香荔和桂味荔枝。”旅游局的陈浩宇局长遗憾地说。

灵山县距离南宁只有150公里，却是正宗的广东文化，流行粤方言。我们的司机小周是广东花都人，平时我们都开玩笑学他的地方口音“右卷（转）”、“解（这）样子”，来到灵山，他一口地道白话，与陈局长等人交谈甚欢，像回到老家。明清两代500多年，广西一直是个封闭的内陆省份，仅限于西江流域中的广西盆地，四周群山环列。北部湾沿岸地区，从前称钦廉四属，包括清代廉州府的合浦、钦县、防城、灵山四个属县，隶属于广东省。晚清国门敞开，大家发现了贸易通商的好处，广西也萌生了要个出海口的念头，看中的就是南部的钦廉四属。广东当然不肯给。但中法战争后，广西便有了国防安全的理由。

其实，广西与钦廉四属在历史上渊源颇

广西的艾滋病感染率全国第二。
北仑河出海口竹山村，是中国大陆海岸线的起点。

深。从唐末的岭南西道、宋代的广南西路到元代的湖广行中书省，钦廉地区与广西大部分地区合属同一个省级政区长达506年，明清两代才划给广东省。从广西的角度看，钦廉改隶，未尝不是一种历史回归。在广东手中，边远的钦廉地区发展相对落后，反正广东海岸线漫长，港口众多，不在乎这片天涯海角。如果广西得到钦廉，定会十分珍惜，全力经营，建成整个西南地区的出海口。1906年，两广总督岑春煊和广西巡抚林绍年向朝廷上的密折中就这样说："苟广西能以全省之力，起而代粤人经营其地，使滇黔川桂之物产得通过其出海之道，则中国南部之富力必大发展，此实关系今日国计民生之最急者也。"

钦廉改隶几经波折，1952年钦廉地区一度划归广西管辖，1955年重回广东。1965年美军入侵越南，广西成为抗美援越的前线，钦廉地区再次划给广西。经过半个多世纪的努力，内陆广西终于走出盆地，实现了它的海洋之梦，跻身于沿海省（市、区）俱乐部，有了一千多公里的海岸线，有了北海、钦州和防城三大港口。

朝着北部湾

自南宁成为省会，南部有了出海口，广西业已完成这场从盆地到海洋的突围。而未来……

广西现代版图的形成不过半个世纪。刚从群山中突围而出的广西，站在蔚蓝的北部湾岸边，我相信，这个突然敞开的辽阔世界，会让它微微晕眩，不知所措。广西数百年来形成的文化传统、生活方式和价值观念，都是关于内陆山地的。如今，一个有海的广西不得不进行文化转型。上天给鸟安上一双翅膀，它就必须学习飞行，因为上天给它的其实是更广阔的世界。

广西行的最后一晚是在南宁度过的，那晚我在国际会展中心剧场看《锦宴》。这是一场商业歌舞秀，布景华丽，荟萃广西民族风情。我想，这就是从前广西展示给外界的形象吧。一个现代广西，应该是各民族融合为一个整体，面向世界，崛起于华南海岸线上。我站在夜幕下的广场，凝望橘黄灯光映照的会展中心主楼高高升起，如花初绽，仿佛孕育着一个光辉的生命。我觉得，作为中国—东盟博览会的永久会址，会展中心的建筑没有刻意追求民族特色，而是力图表达一种雍容、自信、现代的新精神，颇有象征意味。广西已经走出大山，开辟航线，准备投身于世界。

在历史上，广西曾长期作为交（趾）广（州）的过境通道，作为粤港的经济腹地，作为西南边疆而受到重视，唯独没有作为一个完整的行政区域而充分发展。这就是广西经济长期落后的原因。如今，南宁成为省会，南部有了出海口，当年岑春煊的愿望都已实现。未来广西的重心，无疑将进一步南移到北部湾地区，在与东南亚诸国的交往中确立自己的位置。广西之崛起，毫无悬念，只是时间问题。

摄影 _ 林帝浣

狰狞的母亲河

文 黄佩华

我的祖先世代生活在红水河流域，红水河缔造了属于这片土地的文明，哺育了沿岸聚居的各个民族，但滚滚的河水也饱含着生存的苦难与艰辛。

在源头地区，流经云贵高原的红水河深割河道，弯曲窄长的河道两岸高陡，险象环生，根本无法通航。

摄影_李贵云

壮族有个传说，红水河是布洛陀用巨大的石斧挖凿出来的。远古，洪水淹没了大地，为了拯救万物生灵，布洛陀手持利斧，劈开高耸的大山和坚硬的石原，用河渠把滔滔洪水引入大海。

布洛陀是壮族人的创世神和造物主，更是无所不能的神灵和始祖，河流、天地、人间万物，都是他造出来的。在凿河的过程中，布洛陀的身体被荆棘和锐石划伤，流下的鲜血与洪水混在一起，把河水染成暗褐色，这充满阳刚的河水流淌了千万年。洪荒退去，壮族人从此在这条流淌着红水的大河两岸，在这片布洛陀打造的天地间，繁衍生息，安居乐业，一代一代，直到今天。

我的家乡在云贵高原南麓一个小小的褶皱里，那是一个叫平用的壮寨。寨前的驮娘江像温婉的少女静静流淌。孩提时，我常常一边赤条条地在河岸上玩耍，一边听大人们讲布洛陀和大河的故事。

大人们说，寨前的驮娘江，是由众多小沟小溪汇流而成的，小河汇成了大江大河，很多条大江大河最终汇成了大海。至于大海有多大，那时候寨上的人都没有见过。但是大人们告诉我，在离寨子不太远的地方，就有一条流着红水的大河，叫布洛陀河，翻过寨子北面的金钟山就能看见。于是，能够目睹这条大河的风采，就成了我童年时代的一个梦想。多年以后，我从地图上知晓，这条大河就是红水河，与我们寨子直线距离尚不足30公里。

直到19岁那年，我才得以见到传说中的布洛陀河。那时候我已参加工作，因公事只身从西林县城乘车80余公里抵达马蚌乡府，再徒步前往八大河。在壮语里，八大河意为河口，因南边流过来的清水江和西边流过来的南盘江在此汇合而得名。河的北岸是云南罗平和贵州兴义，南岸便是我的家乡广西西林。从马蚌乡到八大河十几公里，全是马帮行走的山路，山高林密，道路泥泞。行至大约一半路程，翻过山顶，便有一种低沉而恒久的轰鸣声从树林间传入耳畔。下至山腰处，眼前豁然开阔，目光及处，我被惊住了。

这条向往已久的河流，一开始就给我留下了难以言说的震撼。当时恰逢雨季，在两岸对峙的大山的挤压之下，深邃的河谷中红流滚滚，浊浪呼啸。汹涌的浪涛，巨大的旋涡，沉雷般的闷响……站在岸上，一种压迫感扑面而来，笼罩一切，使人都变得渺小了。

出于对这条河流的崇敬和热爱，我花费了多年的时间和精力对她进行了解。红水河，发源于云贵高原，准确说就是云南省曲靖市沾益县的马雄山，即公认的珠江源头。其流域范围内是我国南方富有特色的红壤区，广泛分布着红褐色的土壤。一年四季，红水河的红褐色或浓或淡，川流不息。

红水河从源头流出来后，并不叫红水河，而称南盘江。河水并不急于依着地势朝东南流去，而是一路向南，在滇东高原千回百转后才从云南罗平进入广西西林，成为滇、黔、桂三省（区）的界河。之后，她穿越桂西北高地的崇山峻岭，到达贵州望漠县一个叫蔗香的地方，与北盘江汇合后，才被正式冠以红水河的名字。

一位曾经与红水河相依为命的乡土文人，站在高耸的河岸上吟咏：山川虽秀丽，民生却凋敝；茅屋成山寨，山路多羊肠；县城一条街，乡镇几间屋。在桂西北还流传着这样的民谣："红水河，红水河，渴死你没得说。"

由于流经高原和喀斯特地貌，红水河山高谷深，两岸层峦叠嶂，悬崖峭壁连绵不绝。河道中更是狭窄曲折，怪石交错，滩险浪凶，绝大多数河段无法通航。多少年来，千回百转的红水河像一道无情的深渊，隔断了河畔村寨之间的联络；而流淌在河槽里的滔滔红水，由于不能饮用和灌溉，成为人们眼中恣意咆哮的祸水。

红水河与右江，是广西乃至华南的两条重要河流。幸运的是，这两条河都流经我的家乡西林县。对我来说，既是天地的造化，也是一种机缘。

那一年，改革开放，县城往八大河的简易公路刚刚通车，我就迫不及待地再次来到这条大河边。在马蚌乡的三江口河段，我看到了一处奇景：从八大河方向浩浩荡荡而来的一江红水流到这里，与从云南罗平流来的多依河以及从贵州兴义流来的黄泥河在此汇合，聚成一处深潭。由于当时红水河正逢枯水期，水位下降，在多依河的出口便形成了巨大的落差，白花花的河水从山脚倾泻到三江交流处——这便是"一鸡鸣三省，一瀑震三江"的三江口瀑布。

只可惜，后来由于天生桥水电站蓄水，这处还未被更多人欣赏和熟悉的景致便被淹没水底了。

也是那一次，我看到三江口下游对岸那座属于贵州的山，山脚下有一缕炊烟正从大石头缝隙中袅袅升腾。凝目细看，原来在河滩与山坡之间有一个不起眼的窝棚。当地人告诉我，那里住着一个小老头，独自一人靠打捞河上的漂浮物为生。偶尔看到河里有溺死的尸体，他也会打捞上来安葬。这件事至今回想起来，仍让我心中五味杂陈。

洪水期的红水河固然让人震撼，而枯水期的红水河也同样动人心魄。我曾经在枯水期几次目睹红水河的狰狞——没有了河水的宽大河床变得瘦骨嶙峋，只剩下一条蜿蜒迂回的几十米宽的深槽，灰白的岩礁如千万只猛兽亮出獠牙铺陈在两边的河滩上。深槽里的水似飘逸的绿带子，却深不可测。有时候你站在河边或身处岩礁丛中，只能听到震耳的涛声，却看不到奔腾的河水。

如今这种情景已经比较少见了。随着红水河梯级电站的开发，红水河上修建了十余座大型水坝，狂野的红色暴龙似乎被降服了。因为泥沙的沉淀，一河红水到了下游已经变成清流，这条千百年来桀骜不驯的红水如今也名不符实了。因为大坝蓄水的缘故，红水河的原貌被改变了，一些村庄被淹没了，原先在河谷里生活的人们离开了世代生活的土地。

然而，无论我身在何处，那条大河的各种景象、布洛陀的传说、那个小窝棚、那缕青烟，这一切成为让我在此后许多年里咀嚼不尽的印记，无法释怀。于是，我中长篇小说的灵感，基本上都来自这条河流。这条红水河成了我取之不尽的巨大财富。

一个小老头从河上游落水而下，漂到这个河湾竟没被溺死，自己爬上岸住留至今，独自一人靠打捞河上的漂浮物为生。偶尔看到河里有溺死的尸体，他也会打捞上来安葬。

听，神的声音

文 图 蒋廷瑜

摄影_梁汉昌

石寨山型铜鼓表面纹饰

◎古人为了娱乐，偶然发明了铜鼓

我们可以这样想象：古人在吃饱喝足以后，随手将还有余温的铜锅翻过来，用竹条或树枝有节奏地敲打，同伴听了舞性大发，手舞足蹈起来。很快，又有更多的同伴加入跳舞的行列，娱乐的效果很好，所以他们决定以后每餐后都这样。久而久之，这种铜锅就成了打击乐器，于是发展出了铜鼓。

随着历史的进程，自汉至唐，铜鼓由乐器转化为民族首领的权力重器和神器。宋代以后，中央王朝加强了对少数民族地区的统治，开始在广西实行羁縻政策，元明清实行土司制度，铜鼓作为权力重器的功能逐渐下降和衰微，但其作为神器和乐器的功能仍在提升。

沧海桑田，历史上的大量铜鼓通过各种祭祀活动，不断被埋入地下或沉入水中，后来因耕田种地、打井修渠，捕鱼捞沙，铜鼓又一面面重新问世，重回人间。

稻

广西自古以来就是典型的稻作文化区，是稻作农业的起源地之一。壮族人称水田为『那』，冠以『那』字的地名遍布于铜鼓分布区。水田和铜鼓分布区的重合，意味着铜鼓的使用跟稻作文化息息相关——铜鼓是壮族人为了祈请上苍赐予更多的稻谷才发明的，是人神沟通的神器。

蛙

壮族先民发现青蛙可以帮助他们捕食害虫，并且在广阔的田间原野随处可见，冬眠春出，每年都与雷雨一同光临，于是认为是青蛙的出现才引出春雷轰鸣，布雨润物，自然而然地将青蛙神化，视蛙为呼风唤雨的雷神和雨神。在祈雨求神保丰年的全民活动中，铜鼓自然担当起人神沟通的媒介。壮族先民重视蛙鸣，认为蛙鸣就是蛙请求雷神布雨的召唤声。在这样的逻辑下，青蛙其实就是铜鼓的化身，被视为『铜鼓精』。目前发现的传世铜鼓，鼓面边沿的立体图案大多是青蛙。铜鼓上的太阳纹、雷纹、水波纹等，也都是在关乎求雨和丰收的美好祈愿中诞生的。

麻江型铜鼓表面纹饰

古代铜鼓不独广西有，中国南方很多省市也有，如云南、贵州、四川、重庆、广东、海南都是铜鼓分布区，湖南、湖北西部山区也有铜鼓。走出中国，与我们相邻的越南、老挝、缅甸以及泰国、柬埔寨、马来西亚和印度尼西亚也有铜鼓。铜鼓文化覆盖了中国南方和东南亚一大片广阔的古老民族分布区。广西民族博物馆馆藏101号，直径165厘米的云雷纹铜鼓为世界最大铜鼓。

铜鼓已流传两千多年，在大部分地区和民族，铜鼓已相继退出历史舞台。只有很小部分地区和民族还保留着使用铜鼓的古老习俗，成为绵延千古的铜鼓文化的『活化石』。就目前所知，保留铜鼓文化的地区只有两大块：一块在中国南部，广西桂西北和贵州黔南接壤的地区，这个地区往南到云南的文山、红河地区，并伸入到越南西北部；另一块是中南半岛西北部，以缅甸东部掸邦高原与老挝、泰国交界的山区为中心，往北伸入中国云南南部边境。

西盟型铜鼓表面纹饰

遵义型铜鼓表面纹饰

两大铜鼓文化区山地互相靠近，断续衔接，历史上都比较封闭。在两大区里生活的壮侗语族的壮族、布依族、水族、侗族等民族，苗瑶语族的苗族、瑶族，藏缅语族的彝族，孟一高棉语族的佤族、克伦族、克木人及越南西北部的芒族等，都还在使用铜鼓。

自10世纪以后，铜鼓文化从广西东南部淡出，向西北部转移，到明清时期基本稳定于红水河流域。红水河两岸的壮族和瑶族广泛使用铜鼓，20世纪初几乎每个村寨都有铜鼓。腊月将尽，新春到来的时候，壮族村寨就时有铜鼓声传出。现在，在东兰县的兰阳、长江、巴畴等乡镇，建新房、新娘过门，仍会敲打铜鼓。

文 图 魏怀宁

田田有鱼

尧告村是广西柳州市融水苗族自治县杆洞乡的一个普通村庄，是苗族和瑶族聚居的农耕村落。尧告村海拔较高，气温和水温常年偏低，每年只能种一季稻。在插秧之前，育秧是尤为重要的环节。育秧一般都在自家进行——家家都会在不住人的一楼铺上薄土，撒上种子，再盖上塑料薄膜，升起炭火，确保足够高的室温，静候种子发芽——脱壳后成为大米的当地人叫粘（zhān）谷，其育秧要先于口感黏糯、深受他们偏爱的糯谷。为了不耽误农时，插秧时人手少的人家会请来亲戚、族人帮忙。

村民在秋收时留下一些禾花鲤鱼做种鱼。他们用树枝、竹子和稻草等做成窝，帮助鱼儿抵御霜冻，有的还竖起围栏把鱼圈起来，防止鸭子进去吃鱼。来年春耕时他们先把鱼种捞出来，犁田、耙田、整田、施过农家肥和复合肥后，再把鱼放回去。一分田只能放养十到二十条鱼，养多了就长不大。稻田用山间清泉活水灌溉，鱼吃禾花、水草、虫子、浮游生物和一些稻谷长大。在稻田里养禾花鲤，鱼儿吃掉稻田里的害虫，产生的粪便又给水稻添加了肥料。

每逢春耕，尧告村小学也要放几天农忙假，莘莘学子也都暂停学习，跟家人一起下田劳作。

南方利用稻田养萍、鱼、蛙、蟹、虾等的农业方式，是一种生态农业种植模式，类似的模式还有桑基鱼塘、蔗基鱼塘、稻基鱼塘、果基鱼塘、花基鱼塘等。

01

01. 农历八月上旬（白露前后），尧告村人就要开镰收割杂交稻。开镰之前，首先要开田放水抓鱼，村人把这叫作“开鱼”。村民普遍喜欢在田边烤鱼，带上糯米饭、糯米酒等，现场捉鱼、当场烧烤，把禾花鲤烤得焦黄、冒油，配上就地采摘的野胡椒和其他香料调制的味碟，共享开鱼大餐。

02-05. 糯米是送礼佳品，并且唱的是主角。这些竹筐里的糯米饭，就是一位新过门的儿媳妇娘家送的回门礼。做糯米食品，每个环节都需要一些技巧。比如，蒸好的糯米饭要先倒在盆内搅拌均匀，然后放在细竹篾编的既能散发水汽又能保温的饭包里，这样才不易馊，多日不坏。

06. 竹筒饭在广西、贵州、云南等盛产竹子的地区广泛流行。竹筒饭有一种特有的清香味，口感很好。尧告村人做竹筒饭有一个绝活：每到阴历四月，竹笋出土的季节，村人会把糯米装进一种特别的竹子生长出的竹笋里。这种刚刚出土的竹笋鲜脆薄嫩，待米饭熟后，连“皮”带“馅”享用，格外美味。

02 03 04 05

06

另一个双城记

文 包晓泉 图 土司 等

为什么单说南宁和桂林？因为，南宁是广西首善之区，桂林不但曾经是首府，更有着世界山水之都的美名。两个城市一南一北，在广西浓浓的绿意里各领风骚，它们之间一直留存着诸多有趣的话题。比如，在20世纪90年代以前，很多外地人在听到『广西壮族自治区首府南宁市』这句话时，常常会语带惊讶地追问一句：嗯？广西首府不是桂林吗？究其原因，实在是因为秀丽的桂林太过有名，而传统的南宁显得更为内敛平实。

桂林

桂林的城市气质比较鲜明，似有一种贵族后裔在山水中畅然自得之感。这得益于闻名天下、由喀斯特峰林峰丛和漓江造就的「桂林山水」的烘托，也跟风韵犹存的古建筑有关。

南宁

南宁作为省府，从全区各地涌入的大量人口，逼迫着它腾挪出更多的空间，以承载各色各样的生存需求。它得宽容，但难有个性。在千城一面的中国城市中难以跳跃出来。

摄影 _ 王凯

摄影 _ 王凯

01. 在桂林，经常可以看到喀斯特峰林峰丛和建筑融为一体，相得益彰。

02. 04. 桂林是中国古城中保留古城墙较多的城市，名人故居也散布城中。

03. 桂林靖江王陵石像生。

风云际会，首府之争

历史上，南宁和桂林也确实翻来覆去出现过几次省会的角色互换。在各种史志记载中，汉代以来的广西行政中心大都位于桂林。辛亥革命后，比李宗仁和白崇禧更早的旧桂系军阀陆荣廷逞一己之私，强行把当时的首府从桂林迁到了离他家乡武鸣和势力范围最近的南宁。之所以说“强行”迁府，是因为动迁之前，这个议案已经遭到省府议员们反对，而动迁当天，陆荣廷更派义子马济和小舅子谭浩明执鞭押阵，威势逼人。

作为一代豪阀陆荣廷曾经的部下，李宗仁、白崇禧和黄绍竑在陆荣廷下野之后成了新的乱世枭雄，被称为新桂系。1924年夏天，新桂系占领广西行政中心南宁，统一了全广西。从小喝漓江水长大的李宗仁和白崇禧，自然主张把首府搬回桂林。但随着第一次蒋桂战争爆发，新桂系失败，迁府之议不了了之。

1936年年底，在抗战即将爆发之际，再次崛起的新桂系终于让桂林重新成为省会城市。其理由正如李宗仁在后来的回忆录里所说，把省会迁回桂林是为了应付即将爆发的抗战——南宁离海太近，迁府一可以避免日军从海上登陆直逼南宁，二可以跟国民政府在空间上取得更紧密的联系。无论出于什么目的，南宁的首府身份得而复失成为事实。

1950年，广西全境解放。中央在全面研究了华南问题后，经毛泽东主席同意，还是决定把广西首府定在南宁。之所以如此，重要原因是南宁靠近越南，能辐射至东南亚。当时，越南正和法国殖民主义者拼死相抗，南宁可以作为中国支援越南强有力的一个支撑点。直到1958年初才第一次来到南宁的毛泽东运筹帷幄，早就把这个城市的特殊战略地位看得清清楚楚。半个世纪以后，南宁作为广西首府的意义，在中国现代经济推进中西部大开发战略和中国–东盟自由贸易区构建的大格局里，体现得淋漓尽致。

南宁

南宁人会用南宁版普通话，也就是『南普』来迎接各地朋友，同时这里还回响着南宁白话、广州话、平话、壮话、柳州话、桂林话乃至瑶话和四川话……

朴实，会来事，不作（zuō）

南宁和桂林间因为省会城市的来回变换结下的“梁子”，早已成为广西民间饶有兴味的谈资之一。

南宁，作为一个城市的存在始于东晋，唐贞观年间名“邕”，元泰定元年（1324年）定名“南宁”。这片曾经的蛮夷之地，在秦始皇扫灭六合并征服岭南之后，作为岭南桂林郡的辖地，开始受到中原文化的渗透。随后历朝历代，大批中原人不断进入岭南各地，使南宁这个位处沟通西南与东南地区水路要道的商埠日益繁华起来，各种地域文化在此持久碰撞和交融，渐渐造就了南宁来者不拒的吸纳式性格。

南宁在20世纪中期成为广西壮族自治区首府后，来自广西各地以及外省的人才不断迁移涌入，这座曾经以壮话和变通粤语为主体语言的城市在几十年间越来越具有移民城市的典型特征，不刻意排斥什么，也不刻意强求什么，几乎所有外来者都不会产生太持久的陌生感。比如说话，现在南宁人会用南宁版普通话，也就是“南普”来迎接各地朋友，同时这里还回响着南宁白话、广州话、平话、壮话、柳州话、桂林话乃至瑶话和四川话……南宁的话语江湖，给南宁以外的方言留下了足够的空间。

南宁的主流菜系甚至不是南宁菜，而是粤菜、川菜、湘菜、桂林菜和各种各样的民族菜，唯有南宁人钟爱至极的老友米粉作为一种小吃，依然毫不退缩地驻扎在这个城市的大街小巷里。

对此，悲观的评价是：南宁特色正在日复一日地远去；乐观的说法则是：宽纳如斯，善莫大焉。

南方特有的大团大团的白云，在南宁上空静悄悄地舞着，不断变换出抽象的造型，云影渡江，如丝绸滑过水面，无声地讲述着南宁的前世今生。

南宁的城市性格比较包容，接纳各地饮食的特点，可以吃到全国各地的美食。尤其是中山路，餐馆云集，华灯初上，大排档就已经聚满了食客，场面非常火爆。

摄影 _ 王凯

摄影 _ 吴越

桂林

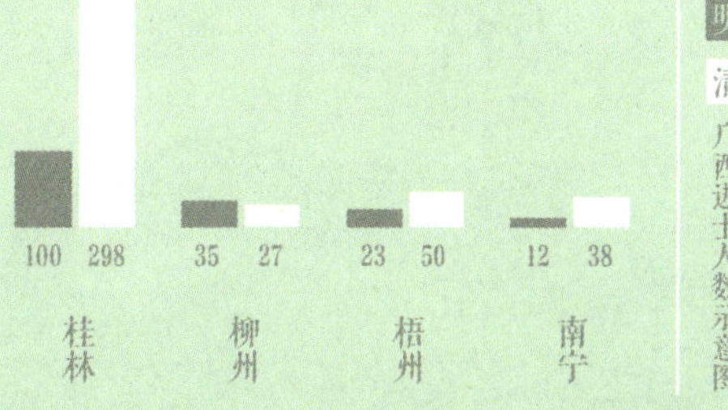

桂林的广西入境游客总量第一，也是中国摩崖石刻最丰富的地方。

貌美，二代，学历高

“桂林”二字，最早出现在《山海经·海内南经》：“桂林八树在番隅东。”但此桂林非彼桂林，就连秦始皇时代岭南三郡中的桂林郡，也和现在的桂林没有直接关系。可见，彼时桂林也很落寞。一直到汉代，桂林才以零陵郡始安县县治所在成为一个小城；三国时属吴国的荆州；隋唐时称桂州；元代成为广西行中书省省会；到明代，终于因为靖江府改桂林府而正式得名桂林。

“千峰环野立，一水抱城流”，毫无疑问，以山水构建的桂林独拥甲天下的胜景，更有一条清澈婉转的漓江造就了长长的水墨山水画卷，让人“一见漓江不忍离”。从桂林到阳朔八十余公里水域，是地球上喀斯特地形发育最为典型的地段，加拿大学者施瓦尔茨忍不住宣称：“研究岩溶的人，一定要朝拜桂林。”

在2005年《中国国家地理》杂志举行的中国最美峰林评选中，桂林-阳朔漓江山水毫无悬念地荣登榜首。第一位访问桂林的外国首脑、美国总统尼克松曾大发感慨说，在他访问过的世界大小城市中，没有一个比得上桂林美丽。陈毅元帅更把自己人生体验中的桂林推到极致，赋诗云“宁做桂林人，不愿做神仙”。“桂林山水甲天下”这句话，恐怕没几个人反对。

也许因为山水实在太过秀美，桂林的城市性格显得柔和、婉约，同时因饮食嗜辣无比，又柔中有刚。

早在两千年前，秦始皇派兵征服岭南时开凿了灵渠，让这里成为南蛮之地中最早接触到中原文化之所；到抗战时期，中国文化名人向西南大撤退，形成桂林文化城。两千年的文化积淀形成了桂林甚重的文气传统。

桂林人对极讲究粉质和卤水的桂林米粉酷爱一生，几乎日不可少。软糯温香的桂林话直到今天仍然遍布城市的每一个角落，对方言的坚守矢志不移。这里绿意盎然，桂花香透，是一个宁静、平和、悠闲、诗意、充满灵气的山水之都。

摄影/王凯

桂林姑娘一枝花，南宁姑娘黑麻麻

基于历史缘由及风土人情的迥异，长期以来，南宁和桂林难免常常会在广西人心里被下意识地比较。南宁人和桂林人，也会时不时地相互调侃和戏说一下对方。

南宁人觉得，桂林承天之赐拥有奇山秀水，所以桂林人只会搞旅游，其他所擅无多；桂林人则讽刺南宁乃草根暴发户，既没有太丰富的文化积淀，又抢去省会地位，并广纳各方钱财，实在难以服众。

南宁人一直认为桂林人属于比较“娘”的那一类，就连吵架都吵不出爷们儿味道。而桂林人直接用一句“桂林姑娘一枝花，南宁姑娘黑麻麻”的顺口溜，就把南宁人堵得无话可说。实际上，桂林话多用口腔后部发音，赤裸裸的粗口也不多，让桂林男人说起话来确实显得温腔柔语，软慢斯文。由于水土和气候原因，桂林女孩大多天生丽质，土生土长的南宁女孩则多瘦小肤暗，不在一条审美水平线上。公平地讲，桂林方言表现得更个性一些。毕竟，在桂林城里你听不到太多的南宁白话；而在南宁，桂林话满地都是。

调侃归调侃，南宁人和桂林人之间并不会真正彼此反感。相反，他们同有的平和、内敛、包容等共性，还会令这两个广西宜居城市一南一北相互交融、遥相呼应。一个是连接东盟的区域国际化背景城市，一个是谁也夺不去名号的世界山水之都，在今日广西发展大形势下，早已携手同行。

南宁、桂林，其实就如全世界华人都熟悉的两个传说中的人物——刘三姐和阿牛哥一样，一个聪慧秀美，一个平实敦厚，在绵绵不绝的山歌歌声里，在绿意婆娑的八桂大地上，共同演绎着一个又一个美丽的广西故事。

黄金水道 路遇千里粮仓

文 潘大林

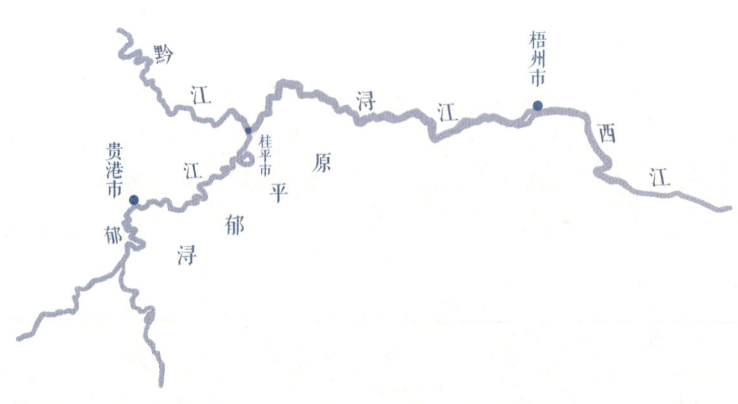

摄影_黄大将

贵港的面积是广西的1/23，其耕地面积却是广西的1/12，沃野千里，人口密集。

西江是岭南最大的河流，最大限度吸纳了广西大地上的涓涓流水，汇成一条巨大的枝状水系，是岭南大地名副其实的母亲河——西江的主干流从云南沾益发源，先叫南盘江，进入广西后叫红水河，与柳江汇合后叫黔江。它的另一条支流叫右江，到南宁开始称郁江，到桂平与黔江汇合后称浔江，到梧州与桂江汇合后称西江，到广州就成为珠江了。

这是一条浩荡蜿蜒的长河，在其干流和支流两岸，汇集了广西的大部分城市和乡县。西江仿佛是一位法力无边的魔术师，化生出八桂大地的千山千姿、万物万态。纵横奔流、除旧布新的冲积，在中东部推出了广西最大的平原、一片总面积772平方公里的浔郁平原，以桂平县城为界，往东为浔江平原，往西为郁江平原。终年翠绿的郁江平原，在两千年间孕育了一座古郡新城——贵港。

贵港，秦时桂林郡

贵港尽管从秦王朝开始就纳入了中央版图，到了汉代又设置了郁林郡，但由于山高水远，交通不便，以中原文化为中心的中国历史，对贵港的描述一直都是粗线条的。

事情直到二十世纪七十年代才出现转机。那是广西考古史上的一次重大发现，也是一次现代人与古人一波三折据《民国桂平县志》记载：「西山茶，出西山棋盘石乳泉井右观音岩下，低株散植，绿叶铺纷，根吸石髓，叶映朝暾，故味甘腴而气芬芳，炎天暑溽，避地禅房，取乳泉水煮之，扑去俗尘三斗，杭州龙井未能逮也。」

的奇遇——那次奇遇就发生在贵港，发生在当时还称为贵县的一个叫作罗泊湾的地方。

1976年夏天，是“文革”动乱的最后一段日子，贵县化肥厂为了建机修厂，开挖大坡岭前的一个大土堆。工人们一锄头挖下去，竟挖出一个掩埋了近两千年的秘密，震惊了中国的考古界。土堆下发现的规模宏大、形制高贵的巨木棺椁，那六女一男年轻殉葬者的遗骸，那1 000多件用途广泛、形制各异的金属、玉石、陶瓷、竹木等随葬品，那纹饰精美、深具文物价值的大铜鼓、大铜马、扶桑灯、羊角钮钟和铜鼎铜壶，还有器物上的“布山”铭文，都在无声地证明着贵县的身份，述说着这里就是秦朝的桂林郡、汉朝的郁林郡之郡治布山的辉煌历史，使得当地汉以前的那段历史一下明晰起来。而此前对于到底有没有布山、布山在贵县还是桂平县，属于贵港市的贵县和桂平一直争吵不休，甚至两地县志从清代开始就在争夺布山这顶桂冠。

当时广西博物馆馆长、北京大学考古系毕业的蒋廷瑜先生写下了《布山考》一文，对桂林郡治布山就在贵县做了大胆的推论：“布山在今贵县不但文献有据，而且为大量的考古材料所证实，从贵县汉墓出土文物丰富多彩的情况来看，至少从秦末汉初起，这里就是一个人口集中、经济文化都很繁荣的地区。其中一些大墓，厚资多藏，显然是当时富贵人家和郡县官吏的墓葬，如果附近没有郡县设置，简直是不可能的。”那次考古成果中的文物精品，后来大多成了广西壮族自治区博物馆的馆藏之宝。

沟通中原与东南亚

桂林郡和郁林郡之所以选择布山作为郡治，大概就因为这里蜿蜒而过的西江，也因为这里大致靠近广西的中心。古代因高山阻塞，陆路交通远远没有水路发达。世界上的文明古国，无不是依托江河发展起来的。西江从贵港出发，往西可达南宁、百色，直至云贵高原，往北可取道黔江、桂江，到达柳州、桂林，而至中原，往东可通粤、港、澳，而至东南亚，是南下北上、东去西来的重要水运枢纽。

想当年，伏波将军带着荷枪持盾的将士，从中原大地乘船而来，到边地去迎击入侵的交趾人。之后，交趾向中国进贡的使臣也必经此地，才能将他们的羚羊、犀角和象牙、沉香，送到天子跟前。那些行色匆匆的商人，蜷伏在商船上的货物间，做着他们的发财梦。船舱中或许还带着几位上京赶考的书生，心中祷念着仕途能像船下的这条河流一样宽广。

时至今日，由于水路运输远比陆路便宜，贵港作为西江重要中转港的地位显得更为突出了，西江黄金水道建设已经上升为国家战略，成就了贵港作为华南最大内河港口的美名。随着航道的疏浚和拓宽，已成为常年可通航两千吨级船舶的航道，贵港的港口每年货物吞吐量达到近五千万吨，占了亿吨黄金水道的一半。来自云南贵州的煤炭钢铁和本地的水泥石灰由此往东，从广东沿海来的机器和杂货则由此往西。每天清晨，霞光万道，旭日东升，西江河道上千帆竞发，百舸争流，贵港作为港城，确实已名不虚传了。

种下拐棍也能发芽

太阳深情眷顾着的这片靠近北部湾的浔郁平原，一年四季气候温暖，雨量充沛，河网纵横，田地肥沃，是广西最大的粮食产区，有着“广西粮仓”、“广西乌克兰”的美名。甚至有人说，春天你在这个地方种下一根拐棍，也会长出芽来。

春耕时分，百里平畴水光潋滟，碧波荡漾，人们在水田上耕耘劳作，蓝天白云倒映水中。秋收时节，田地里稻浪翻滚，万顷金黄，人们欢声笑语，持镰收割，一片富足的丰收图画。

这里盛产的优质米，米粒俊朗，色泽秀润，绝不亚于来自异国的香米。尤其是东津所产的细米，一直以来就有着“东津好细米，龙山好妹仔”的美誉。

对那些没法栽种水稻的旱地荒坡，人们也不会让它闲着，就用来栽种木薯、甘蔗等旱地作物，因而北回归线附近成了重要的木薯、蔗糖产区。木薯，过去曾经是人们不可或缺的杂粮，现在成了生产酒精的主要原料。桂平的金源酒精厂，已成为地方上的一家大企业。

北回归线一带盛产水果，从春末的三华李开始，到夏天的荔枝、龙眼，秋天的芭蕉、柑橙、余甘果，都可以让人大饱口福。贵港当然也是如此。桂平县麻垌镇的荔枝，不仅品种多，树龄还很悠久——有的树栽种于明代，树龄已达数百岁，依旧枝叶团团，叶色墨绿，盘虬屈曲于村头村尾，守候着脚下这片热土。每年六月是荔枝成熟的季节，熏风吹拂，荔香飘荡，白石山下的麻垌镇，车来车往，热闹非凡——那是各地来采购荔枝的商人们在忙碌。

浔郁平原还盛产茶叶，贵港的西山茶和覃塘茶，曾先后被评为全国名茶。西山茶始种于唐，盛名于明。西山茶条紧细密，色泽清黛，以西山上的乳泉水冲泡，则尤为香醇清冽，提神消乏，为茶中上品。

作为后起之秀的覃塘茶，其毛尖茶尖挺娟秀，颜色素白，犹如一位披着纱衣的少女。浸泡之后，眼看着茶叶舒展开来，在水中若沉若浮，便有一股浓烈的茶香飘散，令人心旷神怡，难以忘怀。

一条大江，成就了广阔的浔郁平原；一条北回归线，又成就了诸多物产。贵港，作为一个宜居、富饶的古郡新城，正有越来越多的人爱上这里。

桂平西山有史上第一位比丘尼的舍利。

摄影 江丹亮

摄影 _ 梁汉昌

風

高山汉 遁入桃源四百年

文 朱千华 图 梁汉昌

你是不是以为这两张笑逐颜开、格外喜庆的照片都是在高山汉族的节日期间拍摄的？继而猜测高山汉族当时究竟是在庆祝什么节日？非也。跟南北方很多村庄一样，广西隆林各族自治县高山汉族聚居的村庄，村人们不忙的时候也喜欢凑在一起闲谈，只不过他们的笑容更加真诚、灿烂。左图拍摄于介廷乡达料村，右图拍摄于天生桥镇科风村。

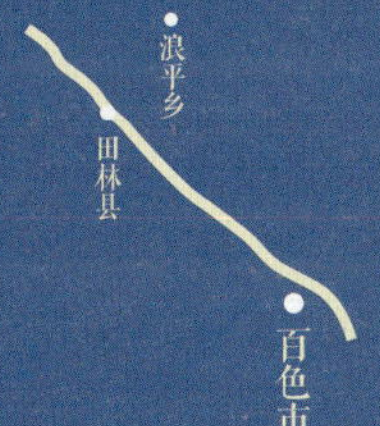

汉族是少数民族吗？当然不是。但是，在桂西北的崇山峻岭之中，生活着一群汉人，他们远离城市，在这片以壮族、瑶族为主要人口的居住区，他们以一种独特的生活方式隐居于苦寒的高山之上，长期过着近乎与世隔绝的生活，成了少数民族地区的“少数民族”。这究竟是怎么回事呢？

浪平乡：壮族人甚至看不上高山汉人。因为高山汉不会染布，只能从商店里买料子做衣服。

很多朋友从桂西北回来，都和我说起他们所见过的高山汉的种种情形，言语之间充满神秘与新奇。那时我还在浙江工作。来广西定居之后，我一直对桂西北那片高山地区充满无可遏止的向往，那里有太多的鲜为人知的秘密，比如天坑地洞，比如神秘诡异的黑衣壮等等。

这里原来就是百越民族，在一些边远地区仍存有许多奇异的风俗，与岭南地区的众多偏僻角落至今还藏有秘境一样。但高山汉不一样，因为他们是汉人，一群只生活在高山上的汉人。究竟是什么原因让他们迁居到那些偏远苦寒的高山之上呢？

于是，我去寻访高山汉，想知道他们是谁，从何而来，是什么原因让他们离开了汉人的主流社会，在少数民族地区渐行渐远。

所谓桂西北，主要是百色地区的几个偏远的小县，如凌云、田林、西林和隆林等。去桂西北的路并不好走，山道盘旋而上，仿佛走进了一个奇异的国度，峰高谷深。那一天，我来到了田林县的浪平乡，遇到了一群非常奇特的汉人。

那一天，正好是浪平乡的圩日。所谓圩日，与北方赶集的意思差不多。

在浪平乡我第一次看到了那些从高山上下来赶集的汉人。

我之所以称他们为汉人，是因为他们的服饰，与少数民族服饰迥异。那是一种似曾相识的风格，在哪见过呢？想起来了，这种服饰在一些古装戏剧中才可以看到。所以，当那么多的高山汉聚集在一起的时候，我甚至误以为有剧组在这里拍一部汉人的古装戏。

浪平乡圩日的热闹，让我有机会融入其中。在一棵大榕树下，我认识了一个叫王从明的汉人。他正在榕树下抽着竹筒水烟，每吸一口，竹筒里就咕噜咕噜响。我从未见过这种奇怪的烟筒。我说老乡，让我也抽一口试试。就这样，我和王从明攀谈起来。

老王五十多岁，刚花了1 200元钱买了一头驴。那头还不到一年的小毛驴，正在旁边吃草。

我问老王是不是高山汉。他说是啊，我就是汉人。老王告诉我，现在浪平乡基本上都是高山汉。以前在高山上生活，现在很多人都搬到了山下的坝子上来住，壮族、瑶族也有不少人在这里生活，但很容易分别。

『壮族女人以黑为美，穿一身黑衣；瑶族女人以头为美，银光闪闪，却个个都是赤脚大仙。还是我们高山汉的女人好看。』

老王告诉我，一般穿黑衣服的人，都是壮族人，他们以黑为美。在浪平乡，虽然壮族人口相当少，但他们甚至看不上高山汉人。因为高山汉不会染布，只能从商店里买料子做衣服。

瑶族人呢，也能一眼就看出来。因为瑶族人的打扮是两个极端。她们喜欢把头上弄得很花哨，各种银饰什么的，有多少戴多少。可她们喜欢光脚板。老王告诉我，走到街上，只要看到有人穿布鞋，那必是高山汉无疑。汉人除了水田插秧，还要爬高山，不穿鞋肯定不行。

老王自豪地说，真是各花入各眼。壮族女人以黑为美，穿一身黑衣；瑶人以头为美，银光闪闪，却是个赤脚大仙。还是我们高山汉的女人好看。

在熙攘往来的人群中，可以很鲜明地看到那些高山汉人女子。她们大多数都穿着天蓝色的上衣，前面穿围腰，上面用彩布镶几条花纹图案，下面是黑布裤、大裤脚，方便劳动。她们完全是中原村姑的形象，线条简明的衣装，把她们衬托得轻盈而水灵。

老王是当地中学的老师，得知我的来意，同意我进入他的家中聊天。这样，我就完全进入了鲜为人知的高山汉的世界。

盘王庙：根据一些老年人口头的传说，壮、瑶百姓的逃离很有可能是因为瘟疫。

关于高山汉和浪平这一带的历史，老王也说不出所以然来，只是听老辈讲的传说较多。

壮族和瑶族村民，是什么时候，又是什么原因从浪平坝迁移出去，现在已无可考。但从浪平坝留下的一些遗迹来看，可以确认这里曾经是壮、瑶族百姓生活的地方。

在瑶族、汉族人来到浪平之前，这里的土著是壮族人。这里有个壮族“广东寨”，规模很大，上百户人家。为什么壮族人会取名“广东寨”，是因为这里的商业曾经繁荣得像广州一样。

在岩科屯的上边，还有盘王庙的遗址。盘王是瑶族人的图腾，瑶人每年都要在二月份举行“做盘王”活动，全村男女老少穿上节日盛装，聚集在盘王庙前唱盘王歌、跳黄泥鼓舞、宰猪、杀鸡，以此祭祀盘王。此外，还有犀牛塘，这是一个关于瑶族人的神话。弄阳村的瑶山河，自岑王山半腰流出，一直有瑶族人于此居住生息。

但是，这片浪平山谷，现在基本上没有了壮民瑶民。那么，历史上究竟发生了什么事，让壮、瑶百姓离开浪平呢？

由于没有相关的文字记载，现在已无从得知壮、瑶百姓离开的确切原因。但是根据一些老年人口头的传说，很有可能是因为瘟疫而逃离。至今，在正央村的河对岸，还可以看到一些屋址和村落的遗址。附近的村民说，这里曾住有六七十户壮族人家，后来突发瘟疫，有的人家搬到了凌云县。

大地回春人安康
家和人和万事和
华光照四海四海皆春春不老

巾幗文
前程似錦
天泰地泰三阳
福星高照家富有

明末清初，激战后，农民军悄无声息地迁移到生存条件更为恶劣的高山丛林中。

高山汉的由来，一直是个谜。老王一直听长辈说，现在的高山汉，先辈是明末农民起义军李定国的部队，战败后流落到这里，然后于此生息定居。李定国原是张献忠手下的一员大将。李自成起义失败后，李定国仍率残部高举义旗，以贵州兴义作大本营，联合当地少数民族，征战于滇黔桂和两湖地区。后李定国兵败，士兵纷纷溃散，四处流落，其中一部分人来到了深山老林中的桂西北少数民族地区。

尽管桂西北山高谷深，条件艰苦，却有着很强的隐蔽性，是躲避追杀、保存实力的理想之地。

当时少数民族的统治者为土司，即地方酋长，俗称土官。面对突然出现的这么一支部队，土官也不知道是哪一部分的，理所当然进行了对抗。经过一番抵挡，土官士兵哪里是这些实战经验十分丰富的农民军的对手。激战后，农民军悄无声息地迁移到生存条件更为恶劣的高山丛林中。

此后很长的一段时间里，没人来惹他们。除了下山购置生活用品，很少有人知道他们在高山上过着怎样一种生活。日久天长，斗转星移，这些高山上的汉人与汉族主体完全隔绝，又渐渐受当地少数民族的影响，在文化方面亦能互为吸收，从而成为一群特殊的汉人。他们从此远离汉人，成为这样一个保留了汉文化传统的特殊族群。

高山玉米，由于收购的价格较高，高山汉人现在基本上都以种玉米为生，收入比在外打工要好多了。

老王家所有的门上，都贴有大红对联。对联的内容，都是劝学、勤俭持家、艰苦创业等方面的，有的写得非常的工整与巧妙。例如："耕读传家久，勤俭世泽长"，"青山修竹诗书第，石径松风礼义门"，"世间好事忠和孝，天下良图读与耕"等等。这些对联让我怀疑这并非村夫野老所作，而是一个隐居在此的饱读诗书的儒生。

高山汉人家的住房与建筑，大致与中原农村一般百姓的住宅无异。一般建在山腰上，大多数是三间两厦，外围用木板装修。

高山汉人的主食，一般以玉米为主。高山气候特殊，这里长出的玉米，与别处不同，有黏性，还有特殊的玉米香，被当地人称为"高山玉米"。

老王告诉我，他家种了三亩地的玉米。近来，城里人也发现了高山玉米的好处：第一，无农药，纯绿色；第二，高寒地带生长，营养丰富，口感好，是长寿食品。于是，很多城里人专门来收购高山玉米。

那天，我在浪平乡高山汉人王从明的家中，围着一只火盆，和主人一直闲聊。老王特地煮了一锅高山玉米粥让我品尝。当揭开锅盖的那一刻，满屋子都是高山玉米特有的清香味，你根本想象不到，玉米竟会有如此浓香。

与石头共舞

文 周鹿 图 梁汉昌 等

广西的喀斯特与相邻的贵州、云南连成片，成为世界上面积最大的喀斯特地区。一块石头摆成景，是艺术；一堆石头摆成一片景，是神奇；成堆石头摆成一片海，是奇迹。这样的奇迹，星罗棋布地散落在广西各地。在广西23万多平方公里的陆地面积中，喀斯特土地面积达到8万多平方公里，占据了三分之一还多。生活在喀斯特地区的人们，过着别样的生活。

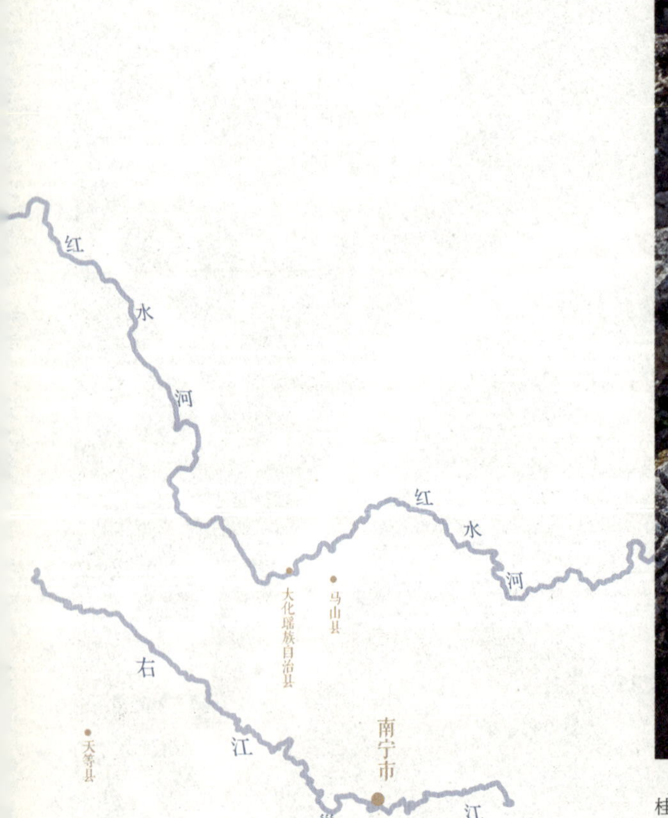

桂西喀斯特地区到处都是峰林和峰丛，在这些平地少的地方营建城镇和乡村，不但要接受群山环抱，还要欣然接受“隔壁邻居”也是山的现实。风景如画的喀斯特地区，水土分离现象严重，“一方水土一方人”，独特的居住环境造就了这里的人们坚韧和不服输的性格。

七百弄有最美的峰丛洼地景色。

广西的大部分城市都可以叫作山水之城，依山而建，临河而居。有很多地方别称小桂林，水从山中过，山在水中游，沿河两岸奇峰挺拔、秀水潆洄、清流倒映，山光水色，风景一点都不逊于桂林。像边陲的靖西、德保，红水河沿岸的大化、马山、来宾，桂西北的宜州等地，得天独厚，山与水完美相依，滋养着这方水土的智者仁者。

一个以石头命名的屯 弄拉

“弄”（音lòng）是壮语，借汉字记音，指的是石山间的小片平地，“弄拉”是“石山旮旯角”的意思。弄拉屯位于南宁市马山县，是大石山区腹地一个不起眼的小屯，只有25户，125人，在马山县地图上很难找到。可是，小小的弄拉弄出了很大的动静——它应对喀斯特地貌的做法，被联合国官员提升到了“拯救地球”的高度。

弄拉，九分石头一分土，土层浅薄得像山里姑娘的脸皮，植被稀少，喝水靠雨，交通靠走。贫瘠的程度，惊得联合国官员连连慨叹——这是连鸟都不拉屎的地方。

鸟能飞走，随意找到栖身的树，人却不能。再说，到处是人，能挪到哪里？这里的生活极其艰苦，艰苦到常年吃国家救济粮。曾经，在这角光秃得像猴屁股般的山旮旯，人唯一能做的事，就是让自己活下去。活着，曾经是一件非常艰难的事情。

苦熬，不如苦干。弄拉人干开了，一干就是五十年，干出了一个新弄拉。弄拉人的做法很简单——山顶种林，山腰种竹，山脚种药材和水果，平地种粮，洼地种桑。小小的村屯，微薄的力量，坚持了五十年。村民们互相鼓励，也互相约束。村规民约之严格，让我们肃然起敬：每砍一棵树，补种六棵。

五十年下来，现在走进弄拉，曾经的“地球癌症”——喀斯特荒漠化，早已不见踪影，呈现在你面前的，是一个翡翠般的大盆景：在这石漠里的绿洲中行走，恍若在画廊中穿行，抬头四望，满眼青绿。要不是石屋、石凳和青石板路的存在，你会忘记这里是大石山区。婆娑多姿的任豆树、高大挺拔的香椿树、秀丽葱茏的吊丝竹，还有金银花、银合欢、山葡萄，将弄拉曾经面目狰狞的座座裸山，温柔地拥抱起来。

中国地质科学院来了，把这里当成岩溶生态教学科研基地；国土资源部来了，把这里当成生态重建示范区；自治区人民政府来了，把这里列入自治区级自然保护区；广西药用植物园来了，把这里当成百草园；客商来了，把钱留下，拉走这里的药材竹子。小小弄拉，一粒细沙，钻进贝壳，变成珍珠。

一个以石头命名的乡 七百弄乡

一个面积只有203平方公里的大石山乡，却拥有5 000多座海拔800到1 000米的峰丘和700多个弄，故而被命名为七百弄乡。这个乡在离南宁130公里的河池市大化县。

这一片地区，峰丛林立，基座相连，“地无三尺平，山无三寸泥”。按民

「中华石都」柳州已上市的奇石总量占全国的50%以上。

间的说法，是上天随意摆放了5 000多个三角粽，粽子之间狭窄的缝隙就变成了700多个弄。

七百弄是世界上喀斯特的高峰丛、深洼地特点最典型、保留最完整、峰丛分布最多最密集的地区。当地人自嘲说，这是一个被魔鬼诅咒的地方。石头下面没有矿，山上是些面黄饥瘦的杂草，没有河流，有雨也留不住雨水，雨水还冲刷走那一层单薄的泥土。

这里的弄很小，小到不能用“平地”这个词，更无法用“坝子”来称呼。一个老笑话说，一位农伯带30株玉米到弄里，就把弄种满了。居住在这里的人们，长期在石头缝隙间抠土种庄稼，而且只能种玉米，一年有四个月的断粮期，以致“人无三分银”。所以七百弄曾经是贫困山区的代名词。

七百弄没有一条河，没有一口井，吃水用水全靠老天爷恩赐。一个月不下雨，人畜饮水都成问题，玉米也会因干旱失收。雨下多了下大了，陡坡上的玉米常常被冲走，或者被冲刷得成片倒伏。连下一个月雨，很多弄里就会颗粒无收；遇上大雨暴雨，水一时排不出，还会成涝灾。

这里年降雨量超过1 500毫米，这些雨水要是能全部贮存起来，再引水到各寨各屯，足可以做到“山环水绕”。但是喀斯特地貌的一大特征——渗透性好，在这里表现得极其充分，洼地里都有漏斗眼，700个弄也就是700个漏斗。

如此恶劣的人居环境，却有1万多人世代在这里居住：他们学会了与山共存，与石头共舞。他们的房子是石头做的，尽管这样的房子冬天如冰窟，夏天如火炉，但大家都能坦然接受大山这唯一的馈赠。七百弄人还用石头修建水柜，贮存老天爷赐予的雨水。林立的峰丛中，大大小小的水柜星罗棋布。据说美国卫星拍摄到这一景象，误以为那些圆形的水柜是导弹发射洞呢。或许，这个笑话是本地人自己编排的，包含了一种战胜自然的成就感。

这里的玉米酒很醉人。每个圩日，街头会醉倒很多人，圩场四周散落着一对对醉人。看着醉在路边玉米地旁的丈夫，妻子是微笑的，并不像外地人那样抱怨、唠叨。等丈夫醒了，携手归家，一天的日子就这样过去了。

写到这里，我禁不住想跑题了——我曾到这里的同学家做客——同学在城里做事，他要提前三天跟父亲打招呼，父亲才好提前到弄里把放养的羊找回来。宰羊待客是这里待客的最高礼遇。如果有可能，砍倒一株芭蕉树，剖出芭蕉心，与羊骨头一起捣碎，捏成团、蒸熟，做成一道叫“芭蕉骨头心”的菜，那就再完美不过了。这道菜的高妙之处在于，芭蕉心既能吸油，又能除去羊骨头的膻味，还能解酒。做客那天，我醉了，醉得很舒坦。这里的人极其热情，吃再多的芭蕉骨头心，也解不了太多的玉米酒。

现在，这里日子好过多了。在成功申报国家地质公园后，这里的喀斯特山水得到了合理开发和利用，被开辟为旅游区，吸引了越来越多的科研工作者和游客。如是看来，七百弄成了大自然赐予人类的宝贵财富。

一个以石头命名的县 天等县

“天等”是壮语，意思是“矗立的石头”。这个以石头命名的县，坐落在桂西南喀斯特群山丛中，隶属崇左市，地貌与七百弄乡有一比，喀斯特面积占全县总面积的77%。

早些年，这个县以一句“天等人民不等天”的口号闻名广西，说的是这里的百姓治理荒漠化的事迹。事迹的背后，隐含着这里生存环境极度恶劣的现实。集老、少、边、山、穷于一体，贫困问题与石漠化问题交织，生态环境十分脆弱，当地人是“开荒种地到山顶，扶贫救济年年领”。多年来，天等县都是劳务输出大县，常年有10万人在外打工。

没有谁知道，辣椒是哪一年被引进天等的。辣椒很适应这里的土地和环境，就在这里深深扎下了根。这里出产的指天椒，果小、肉厚、色泽鲜红、辣叶十足，醇香浓郁、品质独特，被誉为“天下第一辣”。天等的外出劳务大军，把指天椒和指天椒做成的辣椒酱，带往全国各地，成就了天等人、天等辣椒、桂林米粉三者之间相结合的一段佳话。桂林米粉最重要的调料是辣椒，而天等出产全国有名的辣椒，天等人将两者结合的灵感就来自于此。

桂林在广西北边，天等在广西南边，相距600公里。在国内小有名气的桂林米粉，竟是由天等人像播种机和宣传队一样，带到全国各地的，天等人对米粉加以改良创新，迎合当地口味，形成了多版本的桂林米粉。现在，在北京、上海、深圳、西安、大连这些大都市街头的桂林米粉店，绝大部分不是桂林人，而是天等人开的。

因着桂林米粉的机缘，天等辣椒酱得以名播四海。由此，以天等指天椒为主要原料加工制成的辣椒酱走进了全国各大超市，也迈出了国门，走上了意大利、加拿大、英国、美国等国人民的餐桌。

天等人自豪地把天等版桂林米粉，称为来自大石山区的麦当劳，宣称凡是有麦当劳的地方就有桂林米粉。米粉和辣椒，打开了天等人外出闯世界的隧道。同时，外出打工的人也把保护环境的理念带了回来。生态农业逐步开展，屋后有青山，屋前有绿水的生活场景，开始在天等呈现。

山居生活，做客者，大可以如徐志摩描述的那样——你不妨摇曳着一头的蓬草，不妨纵容你满腮的苔藓；你爱穿什么就穿什么，扮一个牧童，扮一个渔翁，装一个农夫。那秀美风景的全部，正像图画似的展露在你的眼前，供你悠闲地鉴赏。

目前中国共有592个国家贫困县。广西55个县中有28个县以年人均收入低于1500元等标准入围。

摄影_李晋

洞穴人家

文图 李晋

在桂西北的乐业县西部，有一个名叫蒋家洞子的小村，距赫赫有名的大石围天坑直线距离只有一公里。村民的房屋都建在喀斯特洼地上，但有一户人家却把房子盖在北面靠近山顶的洞穴里，成为罕见的洞穴人家。

这个洞穴洞口宽阔，内部进深大约 80 米，洞内宽敞干爽，十分舒服。女主人梅树条今年 67 岁，汉族，洞穴里的木瓦屋是她和丈夫张青在 1965 年建的，当时他们上有双亲、下有四儿四女。如今，双亲和丈夫已去世多年，儿女们都已成家，在外闯荡，平时只有梅树条老人和三儿子住在洞里。十多年前大石围天坑作为旅游景区开放，老人在景区做保洁员，去年退休。三儿子张情接替了母亲的工作，为了方便，便回来与母亲同住。

将家洞子村和乐业县其他村镇一样，被喀斯特峰丛裹夹着，如黄金般珍贵的土地却异常缺水，只能种玉米、黄豆、四季豆等耐旱的作物。梅树条家每年收获万余斤玉米，除部分留下喂养牲畜外，余下的可卖得四五千元——这刚好够买第二年的种子和肥料。

他们家还有 4 亩水田，每年可产 50 余袋谷子，全家的口粮便不成问题。只是水田远了点，在 12 公里外。

虽然生活在洞穴里，梅树条的生活其实跟村子里的老人没有两样，一样每天早起，打扫院落，喂鸡养猪。由于人口少，她和三儿子的生活可能会更单调些。三儿子经常在这个陈设简朴的厨房里做些简单的饭菜。晚饭后，他喜欢一个人看会儿电视，没有喜欢的节目，就会早早睡下。

简单温馨的洞穴生活，过得久了会有些寂寞，老人的三儿子偶尔叫来两个朋友，安静的洞穴里就会热闹起来。

过去村里没有公路，村民们出行、下田都很不便。梅树条家每年收获的谷子除了马驮一部分，其余就要靠双肩挑回家——下山要走 4 个小时，上山要走 7 个小时，要历经一个多月才能把收成全部挑回家。2013 年大石围天坑景区建设时，景区公路通到了家门口，于是当年的收获一天就可以拉回来了。

梅树条家现在有卫星电视，通电，但电力不够，煮饭煮菜还是要用干柴。三儿子每天下午四点半下班回家，在附近山上捡一捆干柴，再到地里摘些红米菜当蔬菜。

老人身体很好，养了三头黄牛和两匹马，农忙时她和有空赶回来的儿女一起唤着这些牛马耕田、驮运种子和肥料，平时就自己放牧，每天回家时还要背一篼蕨草，用来垫牛圈和马圈。

我问她是否愿意搬出洞穴，老人微笑道：这里冬暖夏凉，空气清新，我没有太多的想法，只觉得每天这样过很好！

京族海上牧歌

文 朱千华 图 刘小明 等

生活在京族三岛海域的鱼虾，都喜欢在距海面一米左右的地方活动，这样的高度，鱼虾成群，但渔民捕捞却有难度。京族人想出了踩高跷的办法，可以巧妙地捕到更多的鱼。

大战蜈蚣精

在农耕文明中成长的我们，对于生活在中国南部沿海的京族人知之甚少，对他们的印象除了神秘，更多的是异域的新奇与陌生。长久以来，他们默默无闻地生活在偏远的边境小岛上。他们的风俗与百越其他民族迥异，生产和生活很另类，完全超出我们的想象。在很长一段时间，没人知道他们是谁、来自何方、过着怎样的生活。

京族居住地有三岛：沥尾岛、巫头岛、山心岛，俗称京族三岛，隶属于东兴市江平镇管辖。三岛面临南海的北部湾（广西南部沿海与雷州半岛形成的海湾），背倚广西十万大山，与越南的古茶山山水相依。此三岛由海水冲积而成，其中沥尾、巫头二岛与越南近在咫尺，鸡犬相闻，涉水可渡。

沥尾处于江平半岛的最南端，地势略平坦，巫头的地形像纺锤，山心的地形犹若盆地。现在，京族三岛因围海造田和筑堤引水，已与大陆联结在一起，成为半岛。

六月的北部湾，海风吹散炎热，平静的海面上渔帆点点。站在著名的金滩上眺望大海，那是一片汪洋的蓝色，蓝得比晴朗的天空还要纯净和深沉。浅水滩边，一些京族人正在赶海，在他们眼里，这是一片辽阔的原野，海鸥觅食，渔浪吹香，一个收获的季节即将到来。

京族三岛虽说靠近热带，但并不是想象的那样炎热，甚至，这里有着四季如春、终年常绿的生态环境。但在很久以前，这里却是恶浪滔天，过往船只朝夕不保。这是怎么回事呢？向导给我讲述了在京族人中间流传甚广的一则民间传说。

北部湾岸边的白龙岭下，有一条巨大的蜈蚣精，千百年修炼成精，其身长五百丈，尾巴像一张白帆，兴风作浪时，滔天巨浪会淹没白龙岭。过往船只若不献供，小船则被蜈蚣精一口吞没，大船一律掀翻，渔民商客无一生还。一日有位神仙化作乞丐，搭船过海，船驶到蜈蚣精洞口，当船主要把乞丐推下海献供时，神仙把事先煨得滚烫的大南瓜塞进蜈蚣精口里，蜈蚣精吞下大南瓜，烫得直打滚，尸断三截，随波逐流成为沥尾、巫头、山心三岛，头部漂流至越南成为万柱岛，附近居民从此得以安居乐业。

一开始，三岛上并无居民。后来有一对打鱼的夫妻，因渔船被台风吹散，漂流到岛上。从此，丈夫打鱼，妻子上山砍柴。有一天，妻子看见一只很深的脚印，她不知道那是神仙当年留下的，踩之即孕。久之，三岛人丁兴旺起来。

三岛的渔民们把神仙当作护岛海神，尊奉为“镇海大仙”，立庙祭之。京族人感恩，每年都会来到海边迎请镇海大仙，请他到哈亭来接受人们的拜祭。久而久之，形成一年一度的哈节。

京族人的祖先，原来生活在越南，历史上曾被称作安南、越族。京族是他们的自称。大约从明代开始，一直到十九世纪末，他们才陆续从越南移居到京族三岛地区。他们从此定居，开始了耕海牧渔的生活。京族男子踩高跷捕鱼，女子戴竹笠、穿着旗袍式外衫，与百越其他民族风情迥异。

在当地保存的一份光绪年间所立的乡约中，有这样一段文字：“承先祖父洪顺三

年（越南后黎朝年号，1511年）贯在涂山，漂流出到……立居乡邑，壹村贰村，各有亭祠。”由此可知，京族人定居东兴沿海一带，有500多年的历史了。

高跷捕鱼

来东兴之前，我一直对镇海大仙很感兴趣。因为南方沿海祭祀的神祇多为女性，如妈祖、龙母等，作为男性的镇海大仙十分少见。我想象着大仙的尊容，以前都未曾得见，希望这一次能够如愿。2013年，农历六月初十，我在东兴海边。哈亭内外彩旗招展，异常热闹，身着鲜艳服饰的京族男女，早早聚集在哈亭内外。这里即将举行迎神、祭祖、唱哈等活动。

在京族三岛，初来者最先发现的奇怪建筑是哈亭。什么是哈？到目前为止，还没有人对哈字做出确切解释。这是京族人的口语，山心岛的渔民一直坚持理解为“吃”；沥尾、巫头两村的渔民，则认为是“唱”。

不管如何理解，哈亭之由来，应源于越南村落。直至今日，越南京族的一些村庄仍保留着村前建亭、村后立庙的布局。在越南乡村，亭是男人聚会场所，庙是女人聚集之处。三岛京族人，土地金贵，将亭庙合二为一，独创哈亭——这相当于生活在中国的京族人的神庙。

渔业是京族人的主要生产方式。他们在长期的浅海捕捞过程中，创造了一种独特的捕鱼法：高跷捕鱼。在京族三岛海边，可以经常看到一个奇特有趣的现象：京族人戴着斗笠，踩着高跷站在海水里捕鱼。他们像水中的木偶，行动笨拙迟缓。捕鱼，为什么要踩高跷？

得知京族人踩高跷捕鱼的由来后，我恍

摄影_韦纲

然大悟，不得不赞叹京族人绝顶的聪明和他们朴素的生态观。原来，生活在京族三岛海域的鱼虾，都喜欢在距海面一米左右深的地方活动，这样的高度，鱼虾成群，但渔民捕捞却有难度，因为海水正好没过头顶。京族人想出了一个办法，增加脚的高度——踩高跷，这样就可以捕到更多的鱼。

在海水里踩高跷，有一定的难度。渔民告诉我，踩高跷主要是学会平衡，只要习惯了，在水里可以行走自如。除此之外，还要掌握双手控网的本领。捕鱼的渔具叫捞绞。先把捞绞放入水中，触到水底，然后沿着水底前行，适时把捞绞提出水面，鱼虾就在捞绞里面了。

一个真正的好渔民，必须做到：脚下站得稳，手上力气沉。如此高难度的捕捞技艺，寻常人短时间内难以掌握。

京族人高跷捕鱼，所用渔网都是大眼网，这样做的目的就是让小鱼漏网，渔资源不会枯竭。黄昏的海面上，渔民们踩着高跷满载而归。晚霞铺满沙滩，他们的身影拉得很长，仿佛是从海洋走来的巨人。

少女的奥黛

如果在京族三岛的海边看到那些戴着斗笠、身着长衫在水边飘逸行走的女子，人们会禁不住驻足凝望。那不是长衫，而是一种叫“奥黛”的京族服装，两侧开高衩至腰部，走路时，前后两片裙摆随风飘动。

行走在海边的京族女子最有一种别致的婀娜与美妙，碧绿的海浪一晃一晃，身上的奥黛在海风中一飘一飘，飘逸的长裙牵扯着无边的海浪。这是一种奇特的隐喻，大海与奥黛之间有一种奇妙的联系。波浪与

因海里的鱼虾多活动在距水面一米深的高度，深谙此道的京族人在腿上绑上高跷，提高高度，踩在海里捕鱼。这些京族渔民所用的都是大眼渔网，抓大放小，保持生态平衡，一代代渔民才能生生不息。

飘逸，是她们之间通用的暗语——奥黛的飘逸由大海的波浪而生，京族女子在海边行走，大海的碧波就蔓延到她的身上。任何时候，她的行走，都能闻见大海的气息，都能看见她身上涌动的大海的波浪。

亚热带的阳光热烈地洒满海滩。奥黛的天然质感遮掩了她们肌肤的光泽，竹斗笠遮住了骄阳，让她们的脸庞显出半明半暗的神秘和性感。

汉族女子多喜欢旗袍。奥黛与旗袍相似，都能衬托出女性的身段、妩媚与妖娆。令人惊异的是，两种风格如此相似的民族服饰，分别诞生于天南和地北。很难相信，冥冥之中白雪飘飘的北国和炽热艳阳的南国之间存在着某种神秘的默契与联系。

旗袍华美、端庄、艳丽，堪称女性国服。而奥黛，更多的特征是飘逸，它让人想到南方的热带雨林、沙滩、海风与艳阳。如果旗袍密密包裹着的是一个冷香端凝的女子，那么奥黛则显示出海边女性的热情，还有京族女子的娇小体态：削肩、纤腰、骨感。

在京族三岛的海边，经常可以看到那些身着奥黛的京族姑娘，她们有的静坐于榕树下，弹拨着独弦琴，显示出纤细动人的韵致。有的行走于海滩，海风吹拂，奥黛随风飘起，仿佛那些曾经包裹着的神秘感被海风打开。京族女子柳腰款摆，步履轻移，你的心将会被一点一点地撩拨起来，惟愿随她而去，为她沉醉。

送嫁的琴

“凝听悦耳更悦心，叮当叮当千古琴；弦中诉说千般理，昼夜悠扬不眠人。”这是京族的一首民谣，说的是京族流传久远的独弦琴是如何悦耳悦心的。

独弦琴用半个大竹筒作为琴身，琴身长约半米。一端插小圆木，与琴身成直角；另一端安上一个把手，系一弦，连接到小圆木上，即成独弦琴。制作看似简单，演奏时也只用一枚小竹片拨弦，却可弹出娓娓动听的声音。

独弦琴的风格简易，与京族人的海边生活有关。在古代，海边没有什么娱乐，忙碌一天之后，独弦琴就成了最好的伴侣。劳作后，京族人常聚集在沙滩上，聆听独弦琴的乐声，仿佛所有的疲劳都消除了。

独弦琴，曲音清雅，尤其在晚上，夜阑人静时，月光融融，海风吹拂，独弦琴的曲音悠悠响起，那种孤独的、如泣如诉的琴声，在幽静的海边传出很远。

那些同样在海边生活的渔民，听到琴声后，仿佛听到了召唤，陆续从四面八方寻着琴声而来，围坐静听。有时会燃起篝火，年轻的少男少女们，开始了他们的舞蹈。京族男女青年，热情奔放，他们欢聚一起引吭高歌。兴犹未尽，便三三两两地踏着月光，来到海边的沙滩上或丛林之中，寻找自己的意中人。

独弦琴弹奏时，一般不看乐谱，全凭记忆。在京族人的婚礼中，独弦琴是重要的角色。有首《送新娘歌》唱道：手捧京家独弦琴，叮咚叮咚好欢心，姑娘陪送新娘去，成双成对结良缘。

琴声随着节奏，迂回婉转。有的十分清丽，委婉动情；也有的高亢嘹亮，曲调优美，犹如海里的波峰浪谷，高低起伏。

『她们的身体坦然，目光也很坦然，仿佛不该闯入的是我们的眼睛……』

曾经，巴马

文 黄土路 图 王牧

在未以长寿闻名以前，巴马最有名的是裸泳

巴马，壮语，意思是像马一样形状的山坡。位于广西西北部的巴马县恰好被断裂带一分为二：以流过境内的盘阳河为界，河这边的喀斯特石山耸立，蜿蜒百里，与相邻的大化县七百弄乡、东兰县大同乡等构成广西最大的石山地区，缺水少土，老百姓一直在石缝中求生存，历来是广西最贫困的石山区；河的那边土坡绵延，草木茂盛，一直持续到右江盆地。盘阳河是一条十分野情野调的河，当地人戏说这是阴阳交合之界。

1992年，我从大学毕业，分配到巴马县甲篆乡当中学老师，后来时常为外人所道的长寿村、百魔洞、百鸟岩，都在这个乡。那时候，巴马虽然已被国际自然医学会认定为世界第五长寿之乡（因为是第五个被发现），却还没有什么名气。当时最有名气的，是时常为外人所道的裸泳。

我第一次看到裸泳，是一个周末的下午，一位诗人朋友专程从外地过来，我带着他去百鸟岩游玩。学生曾带我去过百鸟岩，跟村民租一个竹排，从洞口划进去，哗哗的水声和溶洞的幽暗，一齐撩拨着你的心。过一阵，洞顶会开一个自然的天窗，透进光来，就像点了天灯。如此三明三暗，不用打火把或电筒，竟可游完全程，当地人戏称游百鸟岩要经历“三天三夜”，就是这个意思。那天，穿过郁郁葱葱的玉米地，我们被眼前的情景惊呆了。就在河岸下面三五米远的地方，一群姑娘正光着身子游泳戏水。发现我们，她们有的还转过身来，坦然地看着我们。

后来我在日记里描述了当时的感受：“她们的身体坦然，目光也很坦然，仿佛不该闯入的是我们的眼睛……在这里，你才猛然醒悟什么是美，真正的美与大自然相依，真正的美与大自然相融，每一缕空气，每一线阳光，每一种呼吸，无所不在。”后来我才发现，所谓的裸泳，有着约定俗成的规矩，这就是男女分开，各固定一个地点。这种人与人、人与自然的和谐，正是老人得以长寿的原因之一。

我在甲篆只待了两年就离开了，到省城的一家画报社工作。临行前学生有些不舍，几个跟我玩得来的学生提议带我去爬百魔洞。“百魔”同样是壮语，即泉水口。这是盘阳河的第二个源头。盘阳河发源于邻县乔音乡后，又流入地下，最后在百魔洞喷薄而出，向着远处的村落流去。那时候进百魔洞之所以叫爬，是因为还没开发，洞口每立方厘米高达2万～5万个的负氧离子还未被人们发现，进前洞要打电筒，两手攀爬。百魔洞分前洞和后洞，前洞为三层，陡峭，惊险，洞内石床、石帐和钟乳石相映，当地人称其为皇宫。后洞造型硕大的石柱石林，惊心动魄。百魔洞开发为国家4A级旅游景点后，前洞的上两层一直没有对游客开放，而后洞则隐藏着一条几公里的走道没有开发出来。

离开巴马后，每年我都客串向导，带慕名而来的朋友到巴马转一转。我对百魔洞和百鸟岩百游不倦，在百魔洞，深呼吸，一股清凉的气息浸透肺腑，带着沁甜的味道。但我也为朋友们感到遗憾，那没完全开放的前洞和后洞的隐秘通道，还隐藏着多少的惊喜呀！十几年来，巴马作为世界长寿之乡和养生圣地的美名在外界越来越响亮。每次我都这样跟朋友介绍我老家，老家的一切都是纯净的，空气是甜的，混合着植物的清香。他们将信将疑，最终经不住诱惑，一个个跑到我老家来了。

我老家的那个小村，那些我自小熟悉的长寿老人

巴马的长寿现象最初引起世人注意是1954年4月，第一次全国人口普查。细心的工作人员发现，巴马的百岁老人竟达15人。此后40多年，武汉医学院长寿科学研究所、广西民族学院民族研究所、国家老龄科学研究中心等机构，从没间断对巴马长寿现象的考察和研究。直到1991年11月，国际自然医学会在第十三届年会上确认巴马为世界第五个长寿之乡。

“世界长寿乡”的认定标准是每10万人中至少应有7位健康的百岁老人，而目前拥有27.8万人口的巴马，1956年就拥有百岁老人15位，1958年拥有百岁老人18位，1979年拥有百岁老人50位，1990年拥有百岁老人72位。国际自然医学会世界长寿之乡调查表明，巴马不仅是世界上长寿率最高的地方，而且也是目前世界五大长寿之乡中，唯一一个百岁老人呈逐年上升趋势的长寿乡，现在百岁老人达81位。

巴马人何以这么长寿，我想从我老家的那个小村说起。小村名叫利达，是一个离赐福湖不远的非常不起眼的小村，只有二十多户人家，一百多口人。小村夹在两座大山之间，前面是石山，后面是土坡。石山上主要长草，树也长得不高，因此是一片天然的牧场。土坡则长着密密麻麻的大树，是一片原始森林。

除了后山，村子被密密麻麻的树围绕着，黄果树、枇杷树、柚树，还有修长的竹子……它们常年郁郁葱葱，这是老一辈种下的。最奇的景致是，村后的小坡上，长着很多棵硕大无朋的大榕树。它们的根有的攀爬在石林上，有的露在地面上，枝叶相握在风里，每一棵都可以独自成林，一年四季总是被叽叽喳喳的鸟声覆盖。村前还有一条小溪，平时干涸着，在雨季过后会流淌上一段时间，有时会流上几个月，流向不远处的盘阳河。村边还有一眼泉，常年汩汩流淌着，从未枯竭。小时候喝水，从来都是直接从泉里或水缸里舀了就喝，因为它没任何杂质，永远那么甜美。它是我们一村人的生命泉，后来，许多这样的泉水都被开发成矿泉水，与世人分享。

小时候每次放学回家，总会路过一位梁姓老奶奶的家门口。老奶奶的家和其他壮族人的建筑一样，一楼住牲畜，二楼住人，二楼上面还有一个阁楼，搁置粮食。因此门前面都建了个石阶，直接通向二楼。屋前一般都会用木头搭个晒台，用来晒庄稼，高度刚好够到二楼的门口，人们从门口就能上去。那时候，老奶奶已一百来岁了。像村里的其他老人一样，她从小就挑水、放牛、打柴、耘田、耙地、种玉米、培土、收割……一年四季，地里和山上的活总是干不完，家里的活也是闲不下来的。

从自己家到夫家，她算是忙了一辈子。到了这年纪，儿孙们自然是不会再让她干重活的，但烧火煮饭、晒晒粮食、种种菜这样的轻活，她是乐意干的。每次路过她家的门口，总看见她手拿着个蒲扇在摇着，偶尔挥一下，驱赶到晒坪上吃粮食的鸟雀。

就是这样一位老人，有一天却突然死了。她是到晒坪晒完粮食，往家门口走的时候，精神恍惚，走错了方向，从晒坪上跌下去摔死的。村里人都说，如果不是从晒坪上跌下去，老奶奶一定能活到两百岁。当然，是有些夸张了。

另一位老人的去世也耐人寻味。这位陆姓老人早年参加过韦拔群领导的革命，后半生过

得平平淡淡。有一天，他赶着村里的牛去山谷放牧。晚上，牛群自己回村了，他却没有踪影。家里人和村人都着急了，打着火把上山找，才发现他躺在山谷口的一棵大木棉树下，已经于睡梦中平静地去世了。

像我们村这样的环境，应该是具备一个长寿村庄的条件了：森林、泉水、河流，还有村人从小到大永不停歇的劳动，以及素食为主的饮食习惯。

我后来到报社当记者，有机会了解到有关长寿老人的许多真实有趣的故事。

有一位叫陈妈乱的老人，在她六十岁的时候，儿女们为了她备了一副寿材。为老人备寿材，这是当地人对老人的一种孝顺方式。棺材就摆在堂屋最亮眼的地方，人们来串门的时候，也不忌讳，把它当板凳坐。没想到寿材坐烂了一副又一副，老人的身体越来越硬朗。前几年我去采访时，已103岁的老人兴奋地敲着棺木对我说，已经换了五副啦。脸上洋溢着自豪！

日本记者来巴马采访一位百岁老人，刚走进村里，看到屋前有一个发须皆白的老人正在劈柴，就上去呱啦呱啦地说了一通。老人摇摇头，通过翻译回答，记者要采访的百岁老人是他父亲，上山打柴火去了。正说着，果然一位身体健康的老人打柴回来。劈柴老人急忙恭敬地叫了一声：爸！

而一位名叫罗美珍的女寿星，我第一次去采访的时候是1995年，那时她已109岁了；2013年春节，我陪朋友去巴马，没想到她还在，已经127岁，排在中国十大寿星之首。两个月后传来她去世的消息，我心里不禁感慨，她生于晚清，跨越三个世纪，演绎了属于她自己的生命传奇。

他们为了追求长寿，远远地奔来

家乡人为什么长寿？许多医学专家通过长期的考察研究，归结为以下几点：

首先，适宜的生活环境。巴马位于云贵高原南麓都阳山脉的南端，年平均气温20.4℃，空气湿度相对平衡。

其次，由于地处地质断裂带上，巴马的地磁经检测达0.4～0.5高斯，有的地方高达0.9高斯，而地球一般地区的地磁约0.25高斯。高地磁在一定程度上可改善睡眠，延长睡眠时间，增加睡眠深度。

第三，经检测，巴马的水为弱碱性、小分子团水，可有效维持血液和体液的酸碱平衡，并易为人体细胞吸收。

最后，巴马空气中的负氧离子平均达每立方厘米3万个，是一些大城市的近百倍。负氧离子号称空气维生素，对呼吸系统、心血管系统、神经系统等都有良好的影响。

看似都是上天的安排，但巴马人乐观爱笑、知足常乐、寡欲少求的生活态度，长年劳作的健康生活方式，孝敬老人的社会风尚，素食为主的饮食结构，无不是老人长寿的原因。

随着巴马长寿密码越来越多地被世人解读，世界长寿之乡、养生天堂、中国最适宜居住的小城……这些响亮的招牌，越来越吸引游客的目光，巴马这个一直偏远的小城，现在完全打开了。2005年，巴马一年的游客量只有十多万人，到2013年，涌入巴马的游客量已达270万。生活在长寿村里的百岁老人们，也越来越适应这样的生活：

每天不时有游客登门拜访，要求合影，甚至赠送红包。曾有人称百岁老人接受游客红包是一种变味的行为，这其实是一种误解。在我们少数民族地区，晚辈给老人红包或者送东西，是给长辈添福添寿，是天经地义的，只是在物质贫乏的年代，送的是粮食和衣物，现在改成了红包。

大量的游客也催生出了一个养生的人群，他们从四面八方飞来，定居在巴马这块土地上，被称为“候鸟人”。据说最早的候鸟人是上海无线电厂的一位退休工程师。20多年前，他患有严重的哮喘病，在上海医治多年未见好转，一个偶然的机会，他看到报纸上关于巴马长寿之乡的信息，便只身一人到巴马。住了一段时间，哮喘病奇迹般地好了。谁知他一回上海，不几天病又复发，再次回到巴马，病又不治而愈，如此反反复复，老工程师最后干脆待在了巴马。

如果不是那头花白的头发，来自北京石景山的康老师显得十分年轻和有活力，她的脸上甚至挂着少女般羞怯的表情。康老师之前因为心肌梗死、脑梗死住过院，颈椎也一直不好，到巴马来是被北京一个长寿俱乐部动员的。由于长期失眠，来到巴马的第一个晚上，她早早就给自己倒了一杯水，备了安眠药，打算先躺一会儿，再吃药睡觉。没想到一睁眼，天已大亮了，而那杯水和安眠药还在那里，康老师立即就乐了。在巴马十二天，康老师没再吃过一片药，这使她下决心留下来，长做巴马人。

来自青岛的邵文国先生最初到巴马是为了排解心情。2012年，大哥因病突然去世，邵先生的心情十分痛苦郁闷，遂决定乘火车旅行，四处走走。火车刚过柳州，邵先生就给儿子发了个信息：广西是个大花园。来到巴马住下来后，邵先生每天游山玩水，拜访长寿老人。巴马的青山绿水，和老人们简单的生活，豁达的生活态度，使邵先生的心情平复了下来，感到从未有过的自在。

像康老师、邵先生这样，因为迷恋这里的好山好水好空气而长住下来的候鸟人，据说达数万。在百魔洞、长寿村附近的村庄，候鸟人是当地村民人数的两倍。

大量的游客和候鸟人的涌入，使巴马的环境、基础设施面临着前所未有的压力。有媒体报道称，巴马这位多年躲在深闺的少女，在向世人撩开神秘的面纱之后，变得憔悴不堪。

“这是一种双向的融合，希望这是一种正能量的交汇。”邵先生说。许多候鸟人感恩于巴马的好山好水好空气，也尽自己的能力回报这片土地的恩赐。对此邵先生如数家珍：比如一位名叫崔学东的先生，就从盘阳河里救过十个溺水者。许多候鸟人把自己当作志愿者，帮助当地的小学建起图书馆；有的到学校教音乐，帮小学建起秧歌队；还有的帮助山区孩子募集过冬的衣服，把学校的老师和孩子带到上海，打开他们的眼界。

良好的生活习惯要从点点滴滴做起，康老师说，每次上街买菜，她都坚持不用塑料袋，希望用自己的行为，影响周围的村民，减少白色污染。见到人们过度采集千里光中药，康老师开始留心采集千里光种子，打算来年开始种植……

媒体的批评也提醒了当地政府，目前，在游客和候鸟人较为集中的景区，正在兴建多个自来水厂、污水处理厂、垃圾处理转运站及河流绿化美化工程。对于当地基础设施来说，升级、改造势在必行，而对于巴马人来说，保持和挽留，也更有意义。

一张汉代养老图

文 供图 彭匈

八桂大地上这一罕见的长寿现象，一直吸引着全世界的眼球。各界专家们长时间的考察研究，都漏掉了一个高层次的要素，即自古以来长寿文化的浸润与熏陶。

1974年秋，考古专家在桂林东南平乐县银山岭一座西汉晚期墓葬中发现了一只铜鸟，鸟身造型优美，形态安详，乍看没有什么奇特之处。稀罕的是鸟的腹部有一个四方小座，留有卯孔——显然是用来安装木杖的。

这类鸟形物件在广西贵港东汉墓中也曾经出土过，不同的是鸟的造型及纹饰，相同的则是腹下都有一个四方卯孔。专家说，这个铜质杖首安装上木杖之后，便有了一个古代敬老的专有名词——“鸠杖”。《后汉书·礼仪志》中有相关文字记载：“年始七十者，授之以玉杖，餔之以糜粥。八十九十，礼有加赐。玉杖长九尺，端以鸠鸟为饰。”类似的记载还可以见诸更早的《礼记·月令》：仲秋之月，“养衰老，授几杖，行糜粥饮食”。为什么杖首要形之以鸠呢？因为古人认为，老人吃东西容易噎着，而“鸠者，不噎之鸟也。欲老人不噎”。

汉代推崇儒术，强调孝治天下，制定了优待老人的办法，对老人应该享受的种种特权，更以皇帝诏令的形式多次颁布。当时授予老人的鸠杖，比今日老人的优待证要管用得多。首先在精神上，“使百姓望见之，比于节”。老人策杖，如同使者持节，入朝不趋，见官不跪，规格之高，令人敬慕。物质上的优待更不用说，持杖老者买卖可以免税，官仓赈济必以老人为先。

有一幅汉砖画长期被人误读，认为是“告贷”乃至“乞贷”。实际上是一幅汉代“养老图”：画面右边的老人身持鸠杖，他的姿势似下跪而非下跪，乃是古代寻常坐姿，叫作“踞坐”。一位仓库管理员举着官斗将粮食倒入老人布袋，左边一位官员坐在一旁，似在指挥抑或夸赞。

古建楹联共绵延

文 梁沃 图 韦纲 等

在南国辽阔的北部湾畔，有一个民居建筑群，以古建筑、古文化、古树闻名于世。6月下旬，在荔枝成熟的时节，我来到有着『广西楹联第一村』美誉的大芦村。『宅绕清溪耸秀峰，松林鹤友晚烟笼。小楼掩路斜阳处，半亩方塘映荔红。』清朝诗人吴必启描绘的美景，此刻正一一映入眼帘。近年来，作为广西的一张名片，灵山县佛子镇的大芦村，以其『南国古建无双地』的明清民居群落日益引起现代人关注。

敕命
黎明即起灑掃庭除要内外整潔既
昏便息關鎖門户必親自檢点一粥一
飯當思來處不易半絲半縷恒念物力
維艱宜未雨而綢繆毋臨渴而掘井自
奉必須儉約宴客切勿流連器具質而
潔瓦缶勝金玉飲食約而精園蔬愈珍
饈勿營華屋勿謀良田三姑六婆實
一團和氣大家春
四面福光新歲月

01

02

01. 历经百年风雨，保存完好的大芦村古建群，以磅礴的建筑气势、与自然合一的居住理念、传统的东方文化内涵，吸引了中外无数游人的关注。大芦村分为九个村落，这是局部的航拍图，可以初窥其依山傍水、建筑层次分明的整体布局。

02. 大芦村是广西面积最大、保存最完整的明清民居建筑群，也是岭南地区明清时代的典型民居。更为难得的是，当地人仍然住在祖先营建的祖宅里，跟搬空居民大搞旅游的古村相比，古风犹存，十分难得。

九个村落构成的古老村庄

大芦村占地面积45万平方米，距今有400多年的历史，居民多以劳姓为主，是一个有4 800多人的汉族村寨。大芦村古建筑群以山形地势为依靠。远眺，依山傍水，果树环绕，翠绿相间，从上而下层次分明，古朴雄浑，气势磅礴；近观，镬耳楼、三达堂、东园别墅、双庆堂、蟠龙堂、东明堂、陈卓园、富春园和劳克公祠等，黑瓦白墙红梁，回廊迂折，曲径通幽，斗拱飞檐，雕花城墙，每一处都牵扯着历史的冠带。

大芦村共有九个村落，以“国”字形整体布局，中厅为中轴，两边对称各有一两列厢房，每列厢房又都与中间的一进进大厅相通，廊廊环扣，巷巷相连。大芦村原本是芦荻丛生的荒芜之地，明朝开始有人迁入定居，从明朝嘉靖二十五年（1546年）一直建到清朝道光六年（1826年），历时近300年，全村建筑逐步完成。

镬耳楼在大芦村的建筑群中，带有鲜明的个性——山墙上有一对高翘的飞檐，形似古代的官帽。有人说，那就是一对铁镬的双耳。据说在明朝，官衔越大，镬耳越大。镬耳楼具有浓烈的宗法制度气息，这与其屋主的身份有关。该楼的始建者劳经，在明朝嘉靖年间为县儒学庠生。到了大芦劳氏第四代世祖劳弦，曾于明朝崇祯年间考选拔贡，由国子监毕业后，授内阁中书舍人，不久升用兵部职方司主政，并准请朝廷封赠三代祖先，将祖屋第四进“官厅”和前门楼的封火墙建成镬耳把手形，镬耳楼由此得名。

到十七世纪初，大芦村已发展为十五个姓氏的人家和睦共处的富庶之乡。人们就地取材，挖泥烧砖，蓄水为湖，以人工湖分隔各个院落，相距咫尺，相互守望。院落以所在地的物产或地形标志命名，如樟木屋、杉木园、丹竹园、沙梨园、荔枝园、陈卓园、榕树塘、水井塘、牛路塘，呈现一派气象万千的生态画卷。

传世楹联文脉延续

大芦村前有个人工池塘，据说是翰墨之人每天用池水洗笔，天长日久便将水洗成了墨色，称为墨池。如果将大芦村的古建筑看作一幅风景画，为其增添气度和光彩的，则是那梓火盉盉沿用至今的338副木刻对联，是它把高雅的文人情趣和坊间门楹巧妙连成一体，向人们展现了一幅优美厚

01. 虽然游人络绎不绝，生活在古香古色的老房子中的人们还是坦然地打开大门，想参观就进来吧，来者不拒。
02. 古人营建村落注重风水，大芦村也是如此。屋前无水池，大芦村先人就挖塘蓄水，屋后无山，则种大树，以作"背山"，人力和先天结合，营造背山面水的风水宝地。孩子们乘凉的这棵大榕树，就是为了弥补风水缺憾而种的。摄影_王牧

重的人文画卷。大芦村的先辈，在苦心经营这块热土的同时，也借助楹联文化将人生理念传达给后人。

大芦村的楹联巧妙运用先贤的名言警句，演绎命意，内容涉及天文、地理、历史、生活等。联语少至四字，多到十几字，或叙事述史，或状物寄情，寓教化于文学氛围之中。有些楹联，笃学励志，德才为先，心情所至，心声所凝。比如"文章报国，孝悌传家"、"每思前辈寻常语，愿读人间未见书"、"有典有则，是训是行"、"东壁列国书，任从教子教孙，善教家齐终有庆；庭园攻翰墨，当勉成仁成义，名成身立自流芳"。这些对联、既充满浪漫主义精神，也直面客观的现实人生，意境深长，蕴含了朴素的儒家思想和丰富的人生哲理。

"积善之家必有余庆，资富能训惟以永年"。这幅挂在东园别墅，出自"岭南三子"之一冯敏昌之手的对联，是赠给当时撰写史书的文官劳自荣的。劳自荣59岁任修职佐郎时，与嘉庆皇帝的御师、老乡冯敏昌认识，结成忘年之交。劳自荣对冯敏昌的墨宝珍爱有加。带回家后，填其真迹在木板上，雕刻制作成凸金字匾，作为故居第五座的顶梁对。这在按特定环境"量身定制"的传世楹联中，是唯一的例外。

楹联化险躲避腥风血雨

在镬耳楼的官厅，有一副楹柱联"新蒲细柳皆春色，紫燕黄莺俱好音"，不知就里的游客只当作应景联欣赏，但楹联村人明白，他们的祖先在清朝初期就凭借这中规中矩的联语，数回化险为夷。

当时主持家政的正是那位前明解绶归田的四世祖劳弦，清廷、南明残余和当地反清武装都想拉他为己所用。顺治七年（1650年），南明将军高中正率"缺牙营"占据灵山并建立政权。此人非常残暴，凡归顺清朝的抓住一个杀一个，直闹得"邑城内外阒其无人，刍粮供亿给于数十里外"。大年初一天刚亮，他就来到大芦村请劳弦出山。劳氏族人闻报慌作一团，劳弦无奈出迎，无意间看到房梁上的燕子窝，急中生智，挥毫写下这副对子，吩咐家人立刻贴到柱上。上联直接从杜甫《哀江头》诗句"细柳新蒲为谁绿"借意，表达其心灰意冷、无意介入各方势力纷争的消极心态。高中正看到这副墨迹未干的楹联，便明白了劳弦的心意，喝过一盏茶即告辞了。后来南明的晋王李定国、镇国将军朱统鉴以及清广东巡抚张纯禧来访，也都是见了此联就知趣地说几句"素闻"、"久仰"之类的客套话就离开了。楹联村遂得安宁。

镬耳楼是大芦村宗法制度气息浓厚的建筑，仔细看它的上部，房顶像官帽，飞檐像官衔大的官员帽子上的长帽翅，仿佛一顶夸张的官帽扣在房子上面。围绕镬耳楼而建的宗宅，门和巷道较多，不同身份、不同性别的人要走不同的门和路。

受朝廷封赠的匾额多达36块

除了楹联以外，大芦村古建筑群还有一大文化看点，那就是金字匾额。据统计，明、清两代，大芦村劳氏共计有县、府儒学和国子监文武生员102人，出仕做官的有47人，78人次获得明、清历代王朝封赠，受朝廷封赠的匾额达36块，至今保存完好的有12块。

大芦村古建筑群的门上、厅堂和门楼上，悬挂的金字匾额大致可分为居室标记匾、诰封匾、题赠匾、御赐匾四类，“万岁爷”题的御赐匾高悬厅堂，两广总督、巡抚、布政使、学政使等政要的贺匾，布置在前门楼和祖屋第一进及“官厅”。

在所有匾额中，被视为镇宅之宝、出自南宋民族英雄文天祥手迹的“忠孝廉节”巨幅拓片，还有三达堂高悬的劳念宗考取国子监第一名题赠的鎏金“拔元匾”，其意义早已超越观赡，而成为古宅人靠品质传世、凭教育兴家、以德行流芳这一传统风尚的历史证明。

大芦村先人好读书的传统，还体现在古宅的建筑布局上。古宅后面种植七棵古楏树，取“笔”同音，以七星状布局，跟村前的墨池遥相呼应，企盼子孙后代能够好好读书，有朝一日走上仕途，造福百姓。

在这里，可以感受到这个家族处处沐浴着浓厚的良好家风。劳氏先人深知，家是一个人安身立命的地方，若每个成员感受到居家的温馨、祥和、安全、抚慰和支撑，也就意识到保家的责任和使命，甚至还激发了兴家的动力和勇气。自劳氏先人起，就格外重视营造家规、家训等家族道德氛围。

大自然和建筑学的最佳结合

自建造第一个宅院起，古宅人就刻意营造与周围环境和谐的休养生息氛围。眼前的大芦村，处处流露出难得的从容与淡定。她的从容不是远近皆知的名声，她不刻意梳洗打扮，不矫情展眉浅笑。当我漫步村中，随意停靠，任由时光从面庞滑过，从手臂滑过。攀上小楼，古宅一览无余，占尽了匠心神韵，占尽了仙山秀水，在阳光和水波的交影下，闪着动人的光芒，甚是壮美。放眼所及，每一栋一梁都浸润着唐诗宋词的韵骨，让人感受到蕴藏于内的沉稳与刚韧。这灵性的村庄，低于连绵山丘，却高于云端之上。

幸好这里没有收门票的大门，没有拍照留影的小摊，没有纪念品和各式特产的叫卖声。街巷之间，老人高声唠叨着，赶打着乱窜的鸡鸭；女子穿着随便，或忙碌，或慵懒；孩子见惯了外来参观者，嬉笑地与你逗趣，无拘无束地玩耍；不时还有小狗从巷中窜出“汪汪”一下，叼走你手中的食粮……今天的大芦村依然吟唱着古老的歌谣，固守一份超然姿态和对平和生活的坚持。

回眸身后的旧巷古楼，仿佛听到私塾中孩童童声童气的读书声，仿佛看到了长衫翩翩的儒者高声授学。土犬吠叫，惊动了水面几只白鹭，倒影优雅地划过天际。一样的水，一样的光阴流溢，不一样的时空对话。大芦村人的居住理念和生活态度，无不蕴涵着东方文化的韵味，渗透着大自然和建筑学的最佳结合。已远去的先人，用时光做泥灰，用自然为砖瓦，用人文锻造出令世人惊叹的建筑群，筑起了建筑学和文言世界最后一道风景。在岁月的打磨下，这风景日益凸现其凝重、壮观、睿智的光芒。

蔗熟时节

文图 苏静海

广西的白砂糖产量占全国60%以上，可以说白砂糖是广西最重要的农副产品。虽然种甘蔗劳动强度大、收入低，但相对其他经济作物来说，这项工作风险小、收入稳定，所以大多数农民的旱田首选种植甘蔗。

随着低价进口的白砂糖进入我国市场，本土制糖业面临着严峻考验：不成正比的高强度劳作、高成本种植、高龄劳动力，与低收入、低回报之间的现实差距越来越突出。摄影师苏静海用两年时间跑遍柳州市柳城县11个乡镇的甘蔗田，为我们讲述了柳城县的蔗农与甘蔗的故事。

广西各地的糖厂都是在甘蔗收获期集中榨糖，为了确保甘蔗新鲜，糖厂提前发“蔗票”，见票砍蔗。

蔗票的有效日期一般只有 4 ~ 5 天，不管刮风下雨，蔗民们都要分秒必争。

砍倒、剥叶、上架捆扎、搬运装车，这一砍收流程虽不是技术活，但做起来还是要很麻利才行。

收获甘蔗十分不易，现在年轻人都外出打工，从事甘蔗收砍的基本都是老人和40岁以上的村民。

甘蔗叶的边缘布满锯齿状的毛刺，很容易被划伤，蔗农必须戴防护手套。

太平镇山贡放村的村民周丙木，为了节省雇用帮工的费用，把还在哺乳期的媳妇也叫来砍蔗，小娃娃就睡在拖拉机上。

为了节省时间,蔗农的午餐都在田间解决。

砍蔗开始于 11 月，冬雨较多，天气寒冷，地里泥泞，雨衣雨鞋也要时常穿着。

不论男女，每人每天收砍甘蔗都在 1 吨以上。

运输甘蔗由糖厂负责，蔗农只需要把甘蔗拉到运蔗车能到达的地方就可以。

为期五个月的一个榨季下来，每个家庭平均都有 80 吨甘蔗进厂，收入约三万元。

收入虽然不高，但他们生活节约、精打细算，大多数人家的生活都能由此得到改善。

摄影＿梁良

物

坭兴陶

坭土留香

文 图 李叶飞

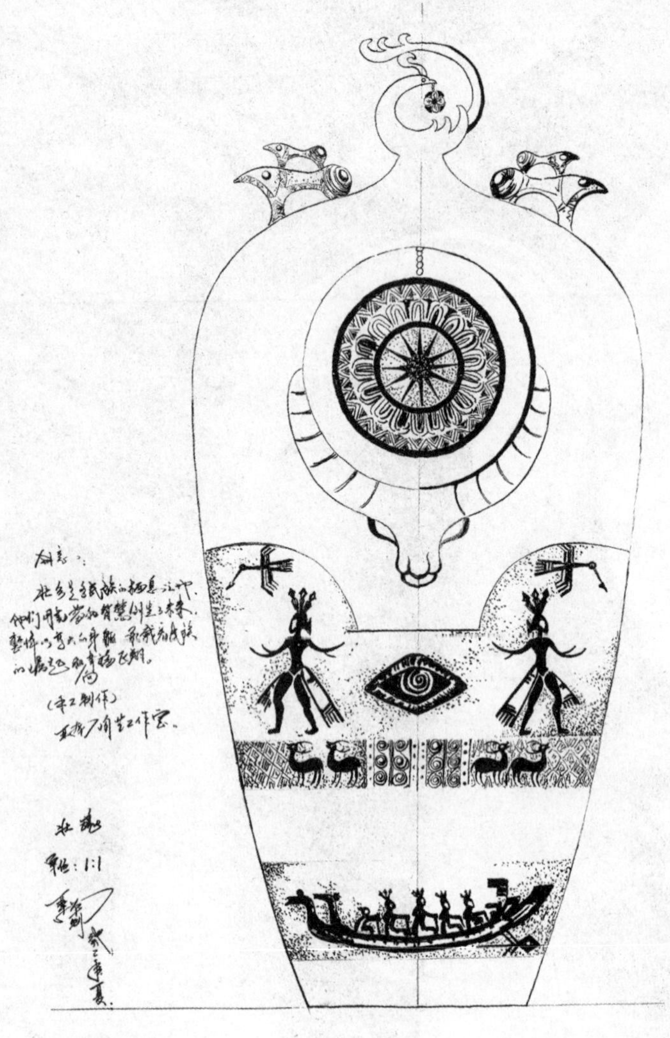

窑是用耐火材料砌成的设备。人类有上万年的陶瓷烧造史，用过的窑有馒头状升焰圆窑、半倒焰马蹄形窑、半坡龙窑、鸭蛋形窑、室内气窑、电窑等。

当朋友跟我提到广西坭兴陶的时候，我试图纠正他，宜兴陶在江苏。结果却是我搞错了，把坭兴听成了宜兴。的确，宜兴紫砂的名气太大了，淹没了中国其他地方的陶器。中国有四大名陶，除了宜兴、坭兴，另两个是云南建水陶和四川荣昌陶。在茶事兴盛的今天，宜兴的紫砂器皿大行其道，坭兴、建水、荣昌三大陶相对逊色。

坭兴陶的产地在钦州，广西南部一座沿海城市。人们去往钦州多是因为海鲜，钦州的大蚝非常有名，还有用蚝油做的柚皮鸡、香麻鸡亦是钦州的特色美食。出于对云南建水紫陶的简单认识，在钦州的餐厅吃饭，我们猜测一道蚝油香麻鸡是否会用坭兴陶锅蒸煮，抑或是以坭兴陶盆装菜，结果很遗憾，坭兴陶与当地美食并没有结合。

云南有一道非常有名的菜，叫“云南汽锅鸡”，很多人就是因为这道菜而认识了云南建水紫陶。汽锅即是由建水紫陶所做，是建水陶的拳头产品，且历史悠久，清光绪年间已有“杨林锅”用于炖鸡，此“杨林锅”就是现在的建水汽锅。但坭兴陶并没有此类产品，传统的坭兴陶主要是制作烟斗、花瓶、陶罐等。

在钦州，有一条很有名的路叫坭兴巷。清朝时期，从事坭兴陶的艺人聚集在城区的鱼寮横街一带，开设商店经营坭兴陶。这个地方后来也被叫作烟斗街，说明了烟斗曾是坭兴陶非常重要的产品。其实，近代坭兴陶就是从胡老六用钦江的紫泥制作烟斗开始的。咸丰年间，钦州本地人胡老六用钦江边开采的紫泥制作烟斗和泥偶，颇受欢迎，坭兴陶由此兴盛。

虽然没有与蚝油香麻鸡配套的坭兴陶锅，传统的坭兴陶却与建水陶很像，不上釉，都有窑变，表面抛光，尚雕刻，除了汽锅，其他产品类型也差不多，比如，建水紫陶也曾大做烟斗。但坭兴陶与宜兴陶则完全不同，宜兴陶的泥料为紫砂，有颗粒，无法拉坯，用的是拍打镶接技法。而坭兴陶的传统就是拉坯技术，这中间，泥料起了关键作用。

清末民初，有一位叫黎不老的陶艺大师，真名黎昶春，与其弟黎昶昭一道

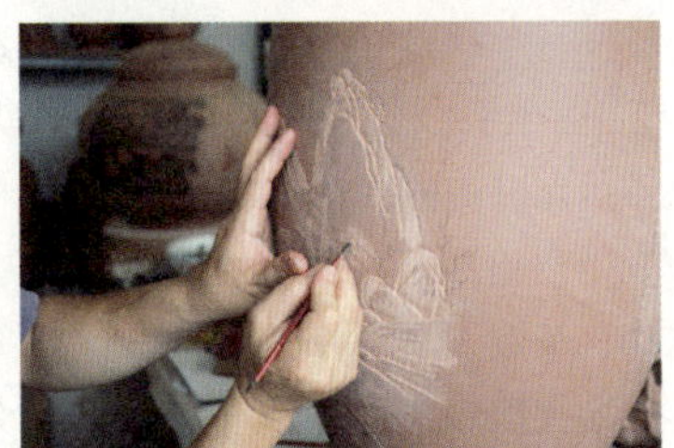
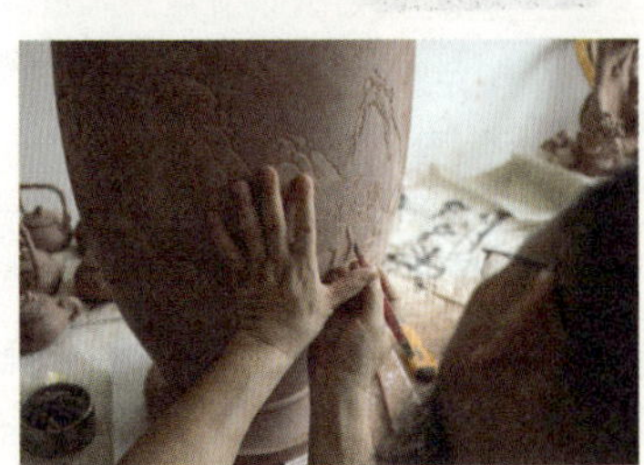

以钦江东岸和西岸软硬泥结合创制坭兴陶，开东西泥混合制陶之先河。黎家兄弟调配的泥制作的花瓶，分别在1915年、1930年参加美国和比利时博览会，均获金奖。黎家兄弟是钦州名号“黎家园”的创始人。

钦江是一条穿越钦州城的河流，以江为界，在钦江以西的小山坡上，有泥土呈现紫红色，这就是胡老六用的泥土，现在被叫作西泥，又称紫红泥。这种泥料为硬质黏土，含铁量较高，与宜兴的紫砂有点像。钦江以东的是白土，俗称五花泥，为软性泥土，分布在江东地域的低凹地带，细密质软，接近高岭土，现在叫作东泥。东西泥一软一硬，在陶泥中一个起骨架作用，一个则是肉。将这两种泥土按照一定的比例配制，所成的陶泥是制作坭兴陶器的上好材料。

最初制泥和做陶没有分工，陶家自己配泥，各家有各家的配方，东西泥的比例不同，最后烧出各家特色的产品。现在做泥和制陶有了分工。钦州有专门的制泥师傅和制泥工厂，制陶家可以直接买到和好的泥土。传统和泥还有用水牛踩泥调和，很遗憾，我没有看到。据说是要将水牛于江边洗净，再拉入泥池中，让牛不停地行走，终日踩踏，泥土越踩越匀，越和越坚韧适宜。现在则多是人工和机器结合，配比为软六硬四，但这一配比却不是固定的，做不同的器也有不同的调整。

陶艺师梁道龙，在钦州有多人提起，是钦州“拉坯第一人”。他拉坯就是根据器形大小来推算花瓶重量，选用不同配方的泥料，骨多一点还是肉多一点。太大的器，少了骨立不住，烧到高温时就会瘫掉；若作为肉的东泥少了，陶器易爆裂。因此做陶炼泥很关键。

黄亚南是坭兴陶艺设计师，留着胡子，像个搞艺术的，但他并不做泥。从他工作室一楼销售的陶器来看，茶器是他的主要产品。因为是陶艺名家，他的壶卖得很贵，但相比宜兴紫砂，算是很便宜了。

黄亚南在上世纪90年代就有不少作品获奖，都是茶具，而近些年的获奖作

窑越不稳定，越容易窑变。柴窑与电窑的最大区别就是柴窑不可控，烧造过程中更容易产生釉料的变化，得到不可预料的窑变。

品则多是陶艺创作，有花瓶或是陶制工艺品，多结合广西地方风俗或壮族符号，甚至有糅合四川三星堆的一些人物特征。

现在，不少坭兴陶的制作者的确都把重点放在工艺美术上。遍数钦州当地的陶艺师，多数人出身书画圈子，近些年坭兴陶兴盛后，也投身进来。这些人许多既不炼泥，也不直接做陶，而是凭借书画功底，在熟悉了泥料特性之后，以泥为纸，用刀代笔，在已经制作完成的生坯上刻字画画。在坭兴陶领域，他们也是陶艺家。

坭兴陶在清末民初就已经分工明确，有泥工、车工、刨工、雕工和烧窑工等，而且每工皆有名家，聚在一处，宛如工厂流水线。

黎仕清也是坭兴陶名家，坭兴世家第五代传人，他最擅长的是调泥和拉坯，能把钦江两岸的东泥和西泥调至最佳状态，拉出厚薄均匀、圆滑饱满的陶坯。但是书画和雕刻并非他擅长，所以他会将他做成的陶坯，找名师雕工打磨，共同完成作品。

坭兴陶的作品成形，也并非全由人工决定，许多好作品的产生出于偶然，因为窑变。

窑变是坭兴陶无釉烧造的一大特色，出现在窑炉温度上升到1 200℃的临界点时，部分胎体发生变化，并自然形成各种斑斓绚丽的色彩和纹理。但这种窑变现象在最后出窑的产品上见不到，因为器皿的表面被一层氧化物覆盖。所以，坭兴陶出现了一种打磨工艺，传统是用鹅卵石打磨器物表层，现在用机器，在把表面氧化物磨去之后，器物仿佛再次涅槃，有着如天蓝、古铜、虎纹、大斑、墨绿等意想不到的诸多色泽。

并不是每件坭兴陶都有窑变，也并非每个窑变都漂亮，好的窑变难得一件，而且绝无雷同。窑变不受人工控制，宛如天意，这是坭兴陶的最大趣味。窑变在大器上更易体现，也容易出效果，有时候如随意挥洒的纹路，或如霞彩，加上抛光工艺，不少坭兴陶在某一面看上去似金属器，换一面又是紫陶器，再一面如有釉。

虽然制壶是坭兴陶当下的主要产品，像黄亚南这样拉坯、雕刻、造型都能拿得起的工艺师，工艺美术品更能发挥他们的才能。

坭兴陶在工艺美术上的成就，离不开黄亚南的师傅——李人帡。李人帡是当代中国工艺美术大师，首届中国陶瓷艺术大师，国家级非物质文化遗产传承人，是钦州的一块牌子。他27岁入行，在上世纪80年代坭兴陶的低潮期，同事纷纷改行，他依旧玩着泥巴。90年代，厂里工资都发不出来了，他还在坚持。现在李人帡已七十多岁，早已退休，但依然兼顾着不少工作。以他自己的话说，是因为爱好工艺美术。

李人帡有一作品叫《高鼓花樽》，放在坭兴陶展览馆，作品将壮锦、壮族凤凰鸟、花山壁画、壮族先民舞蹈等众多壮族元素融合在一起，让人叫绝。

壮锦 五色绒线杂以织

文 李叶飞

壮族是中国人数最多的少数民族。绣球发源于壮族三月三歌节。

李幼英没在家。她家的院子里，龙眼树正开着花，抬头能看到那台木头织布机，摆在二楼的窗前。给我带路的黄爱群说，村口小卖部的老板娘也有一台织机，就放在小店隔壁，平日里，织锦看店两不误，不过这一天店门也关着，透过玻璃窗能看到半截未织完的壮锦卷在织机上。

在南宁市宾阳县的高垅村，还有几台织机。春耕时节，织女们要下地忙农活，织机都闲了下来。李幼英下地去给玉米垄土，忙活一整天，直到天黑才回家，然后做晚饭，饭后有空，才坐到织机前，织上一小截壮锦。

全手工织锦的效率很低，一整天差不多只能织上一尺，这还是在技术非常熟练的情况下，不然一天织半尺都困难。李幼英织的是壮锦，也就是流行在壮族地区的一种织锦，与云锦、蜀锦、宋锦并称中国四大名锦。在古代所谓“织锦四种”之中，即有广西锦，为上贡的锦帛之一。壮锦以棉、麻线作地经、地纬平纹交织，用粗而无拈的真丝作彩纬织入起花，在织物正反面形成对称花纹，再手工将地组织完全覆盖。壮锦有着强烈的色彩对比，偏传统的壮锦纹样多为菱形几何图案，也有回纹、水纹、云纹和花卉等。

李幼英学织锦四年，算是一个熟练工，织的也是传统图案的锦。黄爱群是她的老师，宾阳县城湘光织锦坊的壮锦设计师，是中国织锦工艺大师谭湘光的徒弟，李幼英及同村的织锦妇女也多是谭湘光的徒弟或徒孙。宾阳是广西壮锦的生产中心之一，但并非传统的织壮锦的地方，因为谭湘光的坚持，宾阳成为和忻城、靖西一样生产壮锦的地方，而且发展得还更好一些。

宾阳壮锦的源头在忻城。忻城是宾阳北面靠近柳州的一个县，桑蚕之乡，传统产业即种桑养蚕。今天，忻城到宾阳这一片区域还是国内比较重要的生丝出产地，连江浙一带的丝绸企业都来收购生丝。而丝本来亦是织壮锦主要的原材料。

与宾阳不同，忻城是一个以壮族为主要人口的县。壮族在纺织上有一定的天赋，早在汉代，壮民族就已经生产出“细者宜暑，柔熟者可御寒”的“峒布”。他们利用植物的纤维，织制出葛布、络布作为衣料。至于壮锦是什么时候发明的，以考古发现，汉代已经有壮锦出现，贵港罗泊湾汉墓出土的黑地橘红回纹锦残片，可看作是壮锦的滥觞。唐代，壮族的蕉布、竹子布、吉贝布、斑布、丝布等已成为宫廷贡品。但真正能够称为“锦”的纺织品则出现于宋代，一种“白质方纹，佳丽厚重”的布。

北宋元丰年间，宋王朝需要“绸绢纳布丝锦以供军需”，在四川设蜀锦院，大量的蜀锦运到广西，再由广西输出到国外。壮族人民很快接受了蜀锦的工艺，壮锦也就应运而生。这段历史记载在黄现璠著的《壮族通史》里。当时，各州县都出产壮锦，“壮人爱采，凡衣裙巾被之属，莫不取五色绒线杂以织，如花鸟状”。“嫁奁，土锦被面决不可少，以本乡人人能织故也。土锦以柳绒为之，配成五色，厚而耐久，价值五两，未笄之女即学织。”壮锦不仅成了壮族人民日常生活中的用品和装饰品，编织壮锦更是壮族妇女必不可少的“女红”。

到了清末民初，壮锦衰落。本来属于壮族妇女的日常女红，逐渐在她们生活中消失。忻城织锦的历史与整个壮族织锦的历史同步，不同的是，民国以后，大部分壮族地区不再织锦，而忻城依旧零散保有这门手艺，结果成了壮锦的生产中心。

梁树英是谭湘光的老师，民国时期在忻城学会了织锦，是第一个从宾阳到忻城拜师学艺的手工艺人。她学艺后回到宾阳居住，在宾阳民族织锦厂工作，宾阳壮锦由此开花。谭湘光十七岁的时候，到织锦厂当学徒，拜梁树英为师，跟她学织锦。那个时候梁树英已经五十多岁。

关于梁树英的具体经历，谭湘光讲的不多，充满了神秘感。梁树英八岁学织锦，每天身不离织机，且终身未嫁，一辈子素食，直到八十二岁去世，临终前一天还完成了一幅壮锦。

当年跟着梁树英学织锦的人并不少，只是最后坚持下来的人就谭湘光一个。以谭湘光的说法，自己家穷，也没什么文化，更没别的途径获得更好的工作，唯有织锦，客观来讲，这是她生活收入的来源。当时，很多织锦的姑娘，一有对象，有人养家，就不愿再干织锦这种辛苦活了。

摄影_李叶飞

梁树英待谭湘光如亲生女儿，将一生所学悉心传授。同梁树英一样，谭湘光后来也成为中国工艺美术大师，并且成为宾阳织锦厂的厂长，一直工作到退休。退休后，谭湘光觉得自己尚年轻，织锦这件事依旧可做，在宾阳成立了湘光织锦坊，专门织传统壮锦。

同她师傅一样，这么多年谭湘光收了不少徒弟，教了不少学生，但是坚持下来的，不过两三个姑娘。黄爱群是其中一个，现在留在宾阳管理湘光织锦坊，而谭湘光自己则去了南宁，南宁的广西工艺美术研究所邀请她在南宁发展壮锦，任研究所的织锦工艺厂厂长。对谭湘光来说，这是一件好事，她希望在南宁立足，希望壮锦在南宁有一席之地。在她看来，就像当年梁树英把壮锦从忻城带到宾阳一样，她要把壮锦从宾阳带到南宁。

南宁的织锦工艺厂既有传统木结构织机，也有机器织机。这种模式保留了传统手艺，也试图寻求壮锦的现代化发展。谭湘光的一处办公室里放着一台木构织机，是她专用的织机，“有时候有了新的想法，就会上机织一段，看看效果”。那台织机上留有半截织锦，她让南宁的学生演示织锦，只让摆样子，不让真动手，怕是会打乱了她在那段锦上的思路。现在的壮锦已

摄影_梁汉昌

经不仅只有几何图形，新式的壮锦出现了“桂林山水”、“民族大团结”等几十种新图案，但是一看到这些织锦，依旧可看出是壮锦风格，结构严谨而富于变化，有浓艳粗犷的艺术风格。

谭湘光也并非只把目光放在广西。广东的连山，紧挨着广西，是壮族瑶族自治县，当地政府有意发展壮锦瑶绣，也邀请湘光织锦坊去传授传统织锦工艺，黄爱群还带去了木结构的织机。连山的壮锦气氛非常好，这让谭湘光和黄爱群感动，连山的广播电视大学设立了壮锦瑶绣传承基地，并开设有壮锦兴趣班。虽然连山也是壮族的居住区，但是当地的壮锦几乎失传，谭湘光、黄爱群等于是把壮锦又从广西带到了广东。

而忻城也邀请湘光织锦坊过去，希望帮助他们发展机器织锦。谭湘光认为，这是迫不得已的事情，因为手工织锦的成本太高了。传统的一斤丝绒价钱为两百多元，通常只能织六尺锦，一天织一尺，六天才能织一块传统壮锦，外加其他的一些材料费用，一幅传统壮锦的成本差不多要五百元。这样的成本很难将织锦用于日常物品的设计中，只能作为一种民族工艺美术品。但作为工艺品的方式既非壮锦的过去，也很难有未来，路子只会越走越窄，如此下去，传统壮锦必然逐渐消亡。忻城县在上世纪80年代建立起的壮锦社即因亏损而难以为继，他们希望用机器织锦来生产部分壮锦，用来制作日常用品，把成本降下来，从而挽救壮锦。

谭湘光用机器织锦已有很多年的尝试，机器的出现的确大大降低了壮锦的成本，但并非所有壮锦都能用机器织出来，只有那些几何图案，有规律又简单的，才能用机器织出来。而且机器的作用只是用来织经纬线，花纹还是需要人工织入。机器最大的作用是解决了幅面的问题。传统的壮锦，需要用腰部来稳定织机，但这个腰部的宽度也限制了壮锦的幅面，使得传统壮锦只有一尺多宽，最大的幅面也只是用来做被面。

不过，机器的代入并不能解决传统壮锦面临的问题。谭湘光曾经所在的宾阳民族织锦厂，也一样难以为继。倒是湘光织锦坊全部以手工织锦，得以生存。除了在宾阳附近农村的几位织锦妇女，湘光织锦坊也有固定的织女，木结构的织机放在宾阳的工作坊里，织女每天上班织锦，收入按件核算。

这是谭湘光的壮锦传承思路，传承织锦可以有多重模式。纯粹全职，对于很多织锦妇女来说太辛苦，也兼顾不了家里的其他杂事，而兼职织锦，则跟传统的织锦妇女一样，可以成为日常女红，是生活的一个额外收入，但又不会占用日常的全部时间。像李幼英这样，她的织机和织锦原料都是由湘光织锦坊提供，她不用考虑产品的销售，只要有闲的时候织上几厘米，五色绒线杂以织，以此作为生活的一个补贴，到了春耕秋收时节，她们照样可以离开织机下到地里。

本页摄影_梁汉昌

福

六堡茶 陈年茶事

文图 李叶飞

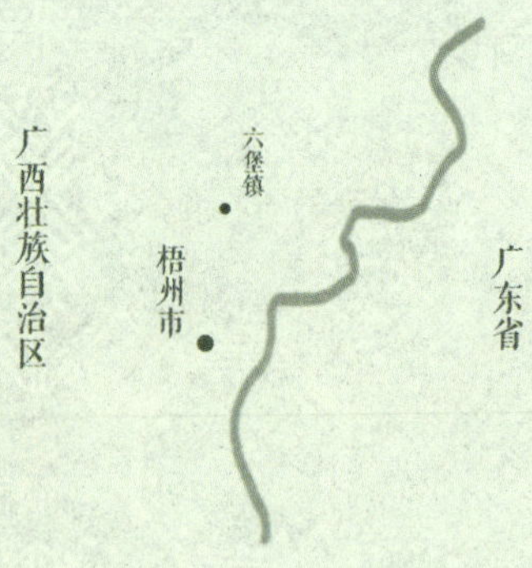

出发去六堡前，就被告诫只有四驱车才进得了山，特别是到黑石村，天气稍差一些，四驱车也上不去。当日天晴，暗自庆幸，从梧州北行至梨埠，然后西行进山，即刻烟雨蒙蒙。

走了无数弯道才抵六堡镇，路上，漫山的石楠树开着白花，裹着湿热，散发着难闻的味道，只有经过八角树林，才闻到沁人心扉的香气。这一路竟连一片像样的茶园都未见到，实在不像一个有名的茶叶产区。以往所走的茶区，无论浙皖还是闽地，核心区的外围，成片的茶园呈现，车行山路上，有渐入佳境之感。六堡却不是如此，直到镇口，才出现一家当年的乡办茶厂，看到零星茶园。

在镇上换车去黑石村，是一段爬坡的路程，半路尚有前一年台风引致的塌方，行至最后几公里，车子在坡地打滑，只好下车步行。路的一侧是悬崖，瀑布声急。

黑石是一个自然村，没几户人家，村口有一高耸的巨石坡，岩石裸露，为黑石顶，在烟雨中朦朦胧胧，看不太清。石顶周围有一些茶园，便是外传六堡最好的茶产地。

黑石顶上本有一棵老茶树，长在石崖壁上，当地人说“好古老的时候就有了”，有大海碗这么粗，差不多直径一尺，周围的茶树都是它的子孙。以前村民常冒险从石崖上悬绳子下到树上采茶叶，他们相信这棵茶树王上采的茶能治百病。大跃进时期，六堡公社的干部为破除迷信，把古树砍了。

六堡有两个老产区所产的茶最佳，除了黑石，另有恭州一地，在黑石北面的山里，同样交通不便。但六堡茶能在清代兴起，却因其便利的水路交通。

六堡河在黑石、恭州一带尚是潺潺溪流，临近六堡镇上，已是可通船的河流，顺流向东南可入西江抵广州。六堡的乡民除了农作，还捕鱼。好多农家的院子里都晾着渔网，很难想象，就这么一条不大的河流，竟然成为这一带乡民餐桌上河鲜的主要来源，恍惚以为这里临近大江大河。

茶叶从六堡水运出山并不轻松，但以百年之前的条件，只要通水路，便算是交通发达地区。黑石、恭州等地的村民做好茶叶，翻山挑到六堡镇，或赶马驮运出山，这是一段最为艰苦的行程。在镇上的合口街码头，有一棵

大樟树，当地人称这里为樟木根，是茶农茶商交易的地方。在晚清，六堡茶最鼎盛时期，除了樟木根，合口街上还有固定的茶庄，最多时有二三十家有名号的茶庄，多是广东、香港的商人开设，如文记、万生、同盛、悦盛、兴盛等。他们雇用二老板作为茶农和茶庄的联系纽带，稳定控制一部分优质毛茶的货源，与樟木根的自由交易完全不同。发展到后来，这些茶庄直接收茶青，雇人做茶。

茶农在码头卖掉茶叶，再换些日用品回家，这一趟辛苦的茶事算是了了。因为茶货交易，合口街码头商业非常发达，清末民初出现了酒楼、妓寨，甚至赌场，在合口街两头，东进利、西进利两家赌场，生意火爆，手头上有点钱的人在此赌博、抽鸦片、喝花酒。现在的六堡镇，没有一丝当时的繁华迹象，我们只能判断出码头的大概位置。

茶叶在合口码头装上尖头船，这种船不大，却恰好可以在六堡河这样的小河行走。到了梨埠，河流渐宽，几艘尖头船上的货物便在此被并入一艘大木船，进入贺江，经封川江口入西江，再经都城转到大船中，运送到广州。这条水路现在被叫作“茶船古道”，以区别湖南安化黑茶和云南普洱茶运往蒙藏的“茶马古道”。

对于当年大量从广西进入西江的船只来说，茶叶是众多货物中的一种。从六堡河至西江这段，承载的还有八角、松脂、山货等农产品，这一情况至今未变。只是茶叶比较特殊，被运到广州、香港后，大部分都转运南洋，很少在国内市场被消费。

明清两代，两广和福建有大量劳工下南洋打工，特别是在马来西亚发现了锡矿以后，华人劳工涌入，吉隆坡、怡宝等地，最初都是因华人开锡矿而开埠发展起来。但初到的华人并不能适应当地湿热的气候，大部分人水土不服。有些两广人带有六堡茶，饮茶以后能祛湿除燥、通便驱痢，特别是初到南洋之人，往往喝下一壶浓郁的六堡茶，病况便会有所减轻，这使得下南洋的两广人开始依赖六堡茶。

六堡茶在南洋逐渐流行，成为日用品。不仅茶行，药店、杂货店、香烛店，甚至海味铺、糊纸铺都有六堡茶可买。马来西亚还产生了六堡茶的品牌，像“四瑞”、“宝兰”都是地道的马来西亚牌子，几乎成为六堡茶的代名词。

南洋的华人认为六堡茶有独特的槟榔香味，这种香味却是原产地的人们无法体会的。因为梧州六堡一带并不产槟榔，即使邻近的湖南人爱吃槟榔，也非南洋人的吃法。茶农只知道自己照着传统工艺做茶，南洋人一定能尝到其中隐藏的那一层槟榔香。

传统六堡茶的做法，在1937年的《广西特产志略》有载：“日间将茶摘取，放之于篮，入夜置釜中炒至极软，视茶内含黏液，略起胶时，即提取，乘其未冻，用器搓揉，搓之愈熟，则叶愈收缩而细小，再用微火焙干。转为黑色，成为茶叶。”这一做法至今如是，黑石的农家白天采茶，晚上做茶，就是杀青、揉捻、沤堆、

复揉、干燥。茶叶做好后，放进竹筐，稍压紧存放，等有了一定量后再出售。在六堡，这种做法的茶被称为农家茶，或者说传统工艺茶。

不过，另有做法是："将叶采下后，放于沸腾的水中，使其叶软而柔即得，约五分钟置于箩中，用木头压，至茶叶卷缩为度，然后以火焙干，干燥后以蒸气蒸至柔后，乃置于箩内存放待售。"这一做法有鲜茶叶过沸水这一道工序，而缺揉捻，其实就是蒸青绿茶。

在六堡镇询问此种做茶法，茶农会告诉你，这是"老茶婆"的做法。"老茶婆"是一种大叶子茶，一般在霜降前后几日，采当年生的完整茶叶，过沸水煮一下即捞起晾干，也有用蒸气蒸一下，放进竹筐，丢在屋子一旁，或穿起来挂在墙头或是灶台上。多年后拿来喝，味虽不浓，但甘甜。常年放置的地方不同，风味也有差异，比如放置在灶台附近的茶，有烟熏味，宛如武夷山的正山小种。"老茶婆"一般不外卖，是茶农自己喝的粗茶。

六堡茶农还采茶果、茶籽榨油，茶壳晾干了，煮茶喝。一般是煮"老茶婆"的时候，同时放一些茶壳进去，以丰富茶水的味道。六堡的茶农非常节俭，将茶树尽其用。修剪后的茶树枝、老叶子也能做成茶，很粗的粗茶。出口到马来西亚后，下层的劳工用来泡水洗澡，以祛除瘴湿之气，消除疲劳。榨油之后的茶籽粉，可用来洗头，也随六堡茶出口，颇受欢迎。

但六堡茶并非一直兴盛。抗战时期，广州被日军占领，六堡茶的运输通道被切断，随后东南亚沦陷，六堡茶失去了主要的销售市场，迅速衰落。但祸兮，福之所倚。

当时有一家叫广元泰的茶庄，在广州沦陷前收了大量六堡茶，随后被套牢，一直运不出去，一囤就是七年，熬到抗战胜利，才有机会出售这批陈茶，结果广受好评，最后以常价的五倍销售一空。

不过这也只是六堡茶没落期的一个小插曲，之后几十年，六堡茶都没有翻身，市场逐渐被其他茶叶所取代。1981年，云南销往香港普洱茶500吨，广西六堡茶却由曾经年销量1 500吨左右下降到了444吨。

似乎广元泰的那批陈茶让人念念不忘，六堡茶一直在陈茶上做努力。1953年成立的梧州茶厂，在传统工艺之上增加了一道精制工艺：将毛茶增湿存放二十天以上，以补初制发酵的不足，使茶快速达到陈化茶的口感。这一工艺现在成为厂家六堡茶的标准。云南普洱在1973年研制熟普的时候，还到梧州茶厂考察过。

农家茶被称为传统工艺茶，而厂家茶则被称为现代工艺茶。这种分界不像云南生普与熟普那样界限分明，因为有些农家在做茶的过程中，会对毛茶做一道复制过程，堆沤十五个小时以上，冷发酵，最后烘干装篓，凉置陈化。虽然现在很少有农家这么做茶，但这种工艺也是传统的六堡茶做法，接近现代工艺茶。

其实现代工艺的精制程序还是进行了改良。传统六堡茶为了方便运输，将制作完的茶进行炊蒸使之变软，然后压实在箩筐内。很快茶商们发现，经过如此炊蒸压装晾置的六堡茶，更利于新茶陈化，使茶变得醇厚。于是，这种蒸茶压箩的工艺作为六堡茶的特有工艺保留了下来，后来出现了两蒸两晾，甚至多蒸多晾。

在六堡的香港庄和广东庄的茶商为牟取更多利润，常通过挑去黄片和过筛去茶碎来压低收购价，茶农就采取了“打地气”的方法来增重，也就是将室内的地面打扫干净，洒水，然后把已经烘干了的茶叶倒地上摊开吸水分，装篓后在表面铺一层干燥茶，以此增加茶的分量。这些茶运到广州和香港交易的时候，往往会减秤，于是这些茶商也“打地气”。如此反复，最后竟然发现，这类茶苦涩味少，汤色发红。这种做法最后被茶商主动接受，香港茶商开始将茶叶存储在湿润环境中，这就是早期的“香港仓”，是后来人工陈化工艺的源头之一。

现在六堡茶，的确每家有每家的做法，这一传统工艺并没有标准，很多农家茶做的就是炒青绿茶，很难后续存放发酵。更让人担忧的是茶种的变化，原来制作六堡茶的茶树是六堡原生茶，现在很多茶山种了“桂青”等制作广西绿茶的茶树种，这一变化使得六堡茶很难回到传统六堡茶的独特口感上去。

在六堡茶市上，也出现了古树茶，特别是“老茶婆”，但并没有量。六堡茶衰落了几十年，很多古茶园改种八角、松树，那些老茶园早已被替换、砍伐，如黑石顶上的那株茶树王。现在黑石、恭州一带，看到的大量的茶苗茶园，都是这一两年新开辟的茶园。这是六堡茶回暖的迹象，但很难说是否走在正确的道路上。

广梧茶厂新出的一批茶，开筐见有金花。金花的学名是冠突散囊菌，是发酵形成的一种有益霉菌，为六堡茶特有。一般来说，品质好的六堡茶才可见金花。

龟苓膏

苦尽甘又来

文 罗金陵 插画 文一

蒲公英

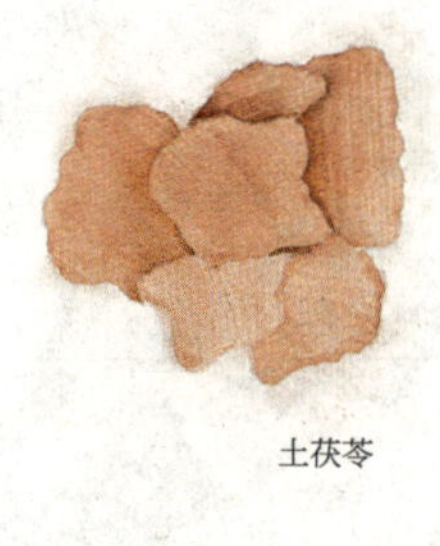
土茯苓

龟板

梧州龟苓膏厂的博物馆展示的手绘图，呈现了古代制作龟苓膏的过程。摄影_韦纲

金银花

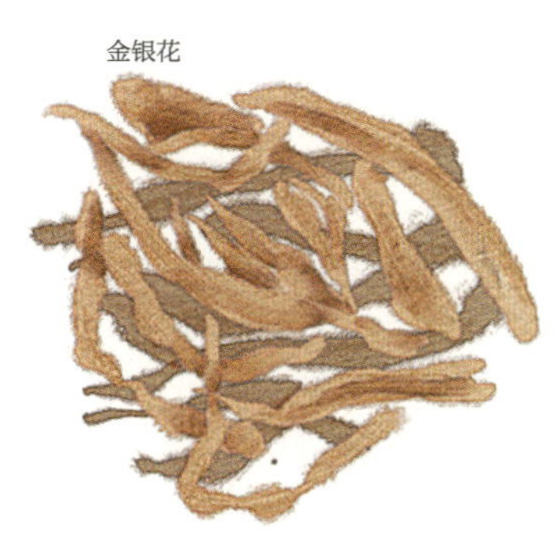

漫步南方城市街头，你会在琳琅满目的特产商店中看到梧州龟苓膏。梧州龟苓膏是岭南人的传统药膳食品，由来已久。

处在北回归线上，浔江、桂江、西江三江在此交汇，日照充足，雨量充沛，冬暖夏长，这便是典型的岭南城市梧州。由于气温高，雨量多，春夏“湿热”，秋冬“气燥”，很易引发湿滞热毒、皮肤瘙痒，以及“香港脚”等病症，深谙养生之道的梧州人很早就懂得服用龟苓膏调理身体，及时清除热气、皮燥、便秘、湿毒等症候。

传说龟苓膏产自明末清初。相传明朝时，街上有个懂药性的李三老人，暑热天患上了湿毒。一天，他从山涧里捉得一只鹰嘴龟，又挖来土茯苓，煲了一锅靓汤，饮了两天后，竟发现湿毒已消散不见。之后，凡是暑热天气，李三便如法炮制煲汤饮，后又加入生地、蒲公英、金银花等药物，加强疗效。为方便食用，他又把这些药物捣制成膏体，配上蜜糖饮用，街坊邻里争相效仿。渐渐地，人们形成了食用龟苓膏的食疗习惯，外地人也纷纷以吃到梧州龟苓膏为乐事。到清代，官员把梧州龟苓膏作为名贵药膳进贡朝廷，专供皇帝食用。

传说归传说，传统正宗的梧州龟苓膏都是以乌龟、土茯苓为主料，辅以生地、蒲公英、金银花等多种中药熬制而成。鹰嘴龟是名贵的中药，除了能驱除湿气外，还能拔毒生肌，土茯苓则可解毒清热去湿。再配以生地、蒲公英、金银花等中草药，因而龟苓膏品性温和，不凉不燥，男女老幼皆宜。

梧州龟苓膏一般是用通天铜鼎明火熬制，熬出的药汁去浮泡和沉渣后倾于瓦盘稍凉，常温也能凝固，其状晶莹乌亮。后用蚌壳极稀薄地逐层舀出，分盛于瓷碗内，加上蜜汁或糖液服食。

清末民初时，梧州市面的龟苓膏店铺往往摆上一张八仙茶桌，当中一只大瓦茶盆内放一块蒲扇大的龟壳，龟壳下压着还冒着热气的土茯苓、大生地、天门冬等药物，以示真材实料。

梧州开埠后龟苓膏传到香港，摆卖龟苓膏的店铺有的还在门口用铁丝笼或玻璃水族箱圈养数只活乌龟；另有一个大铜熏炉似的闷鼎终日蒸气腾腾。店内墙上挂着诗画镜屏，根据龟苓膏微苦后甘甜的味感，书有“苦中苦，人上人”、“苦尽甘来，冬去春回”、“先苦后甜，人生所愿”等富于哲理的格言。

传统的梧州龟苓膏主要以鹰嘴龟（平胸龟）和土茯苓为原料，龟板经煎熬、浓缩后得到龟板胶，呈啫喱状。而今鹰嘴龟已是国家保护动物，严禁擅自买卖，价格平民化的龟苓膏多由凉粉、茯苓等配制。土茯苓是某植物根茎，茯苓则是一种真菌，差之千里。可以说大多数龟苓膏只是调味凉粉了。

凉茶不仅是怕上火

文 潘大林

《神农本草经》上说夏枯草『热瘰疬，鼠瘘，头创，破症，散瘿，结气，脚肿，湿痹，轻身』；金银花『味甘，寒，无毒，未成毒则散，已成毒则消，将死者可生，已坏者可转』；荷叶『味苦辛，微涩，性凉，归心、肝、脾经，清香升散，消暑利湿，健脾升阳，散瘀止血』；桑叶『味甘苦，性寒，归肺、肝经，疏散风热，清肺润燥，平抑肝阳，清肝明目』；罗汉果『味甘，性凉，归肺、大肠经，清热润肺，止咳利咽，滑肠通便』……

知物 凉茶

凉茶是岭南人民的传统饮品，数百年来流布广泛，其配方和品牌更是百花齐放。随着广东凉茶列入国家级非遗名单，以及王老吉、加多宝的广告轰炸，人们对凉茶的认识似乎益趋狭隘。其实，凉茶是一种生活方式。

都说人的味蕾有顽强的记忆。

记得童年在老家容县的乡下，夏日气温渐高，百物滋生，人也容易染上这样那样的疾病。乡间缺医少药，如果我感冒初起，祖母就会到山间地头，采回一些花花草草，有金钱草、车前草、金银花、桑叶、淡竹叶、薄荷叶、茅根等，都是山野间容易采到的东西，再加上两片生姜，用瓦锅熬成一锅汤，舀上一大碗，让我喝下去。那青褐色的汤，带着茅根的甘甜，带着竹叶的清冽，带着桑叶的纯朴，带着薄荷、生姜的微辛，甚至还带着阳光和泥土的气息。喝下去，再躺上床去，盖上被子，感觉汤水在胸腔里奔走，感觉它的无数分子向全身散发，便有汗水顺着毛孔，噼噼啪啪往皮肤外冒出来。一番热汗淋漓之后，感冒症状就会轻许多……

那时候我知道，祖母给我喝的是凉茶。那份清甜润泽，在我的味蕾里留下了刀刻斧削般的印痕。当时，我还以为那是祖母的独门秘方，后来才知道，那其实是岭南人所共有的一份记忆。烈日炎炎的盛夏，许多人家都会烧上一锅凉茶，有病治病，没病防病。走路累了的人，路过一户人家，进门去讨碗水喝，讨来的有时也会是一碗凉茶。茶水下肚，烦渴顿消，让你增添无尽力气，去走余下的行程。无论大病小病，乡下人都愿意先以凉茶一试效果。在方子里加加减减，发热的加上山芝麻、金银花，咳嗽的加上桑白、桑叶和竹芯，要清肝的加上飞扬草、罗汉果，胃气胀的再加点山楂、陈皮。一般小病，病情都会有所减轻，再喝几天，症状就会逐渐消失了。

还有更特别的例子：我一个堂婶全身乏力，面容消瘦，到医院，这个仪器、那个机器的检查做下来，医生说是癌症，要动手术。家里东挪西借，凑够了手术费用，医生剖腹开膛，却又马上缝了回去，说癌细胞已到处扩散，无法手术了，叫拉回家去，想吃什么就吃什么，顶多还可挨上一两个

清肝明目 祛热生津
魚腥草菊花
罗汉果加蜜
銀花精
竹蔗水
清热祛湿 润肺止咳
猛力
苦痧茶
羅漢菓加蜜
獅子草
竹蔗水
銀花精
清熱祛濕 潤肺止咳
猛力
苦痧茶
摄影_王文澜

01. 常见的二十四味、五花茶、感冒茶、板蓝根等中药凉茶。摄影_祝天华

02. 凉茶的成分其实就是草药茶叶，如夏枯草、金银花、荷叶、桑叶等。摄影_Riou/C

03. 喝凉茶早已成为广西人的一种生活习惯。每到夏天，街头的凉茶店总会在门口准备好自制的凉茶，供路人饮用。

01

月。堂叔完全绝望了，心想反正是个死，就死马当作活马医吧。自己四下东摘西采，采回一大堆平时做凉茶的草药，煮了让堂婶大碗大碗喝下去，一天一煲茶。喝来喝去，一个月，两个月，三个月，一年，两年，三年……时至今日，时间都过去了十多年，堂婶依然好好地活着。连医生都大觉惊奇，问堂叔给她吃了什么药。堂叔说我也没给她吃什么药啊，就每天给她喝凉茶。至于是什么凉茶，他自己也说不清楚，因为配方经常变，总之是一些散热解毒、清肝润肺的东西——这当然是个十分特殊的个案，人有个体差异，药有各自特性。在我们老家，药的别名就叫茶，服药也叫服茶，或许堂婶真的就是“茶到病除”也未可知。

如果以为岭南人只夏天喝凉茶，那就错了。在寒冷的冬天里，人们会斩上几段甘蔗，放上一把马蹄，熬成马蹄竹蔗水，围着火炉，饱食之后喝上一碗热气腾腾的茶水。那份熨帖和适意，足以驱赶掉冬日刺骨的寒意。

今天，凉茶已在岭南人日常生活中不可或缺。在各个城镇的大街小巷，那一个个篷布下、铺头中、街角处、道路边，都会摆上一摊摊凉茶。一般会有一把大铜壶，壶嘴呼哧呼哧地喷着热气。夏日里煮好的凉茶，会盛在一列玻璃杯里，就像一串彩色的魔棒，或浓或淡，或青或褐，或黄或橙，缤纷地折射着阳光，点染着人们的生活和日子，更点染着人们的体质和心情。

一个茶摊往往维系着一个家庭的生计，维系着他们的吃饭穿衣、读书看病的日常开支。一方水土一方人，如同西南人喜欢吃辣椒、北方人吃肉要放大料、湖南人喜欢臭烘烘的臭豆腐、沪宁一带做菜少不了糖、西藏人爱喝酥油茶一样，凉茶已成为岭南一代代人的自然选择，是千百年来离不开的一种饮品，是伴随着我们已不知有多少年的文化胎记，是一道无处不在、温馨宜人的风景，更是难以摆脱的地方名片和身份证明。

若要追溯凉茶的历史，典籍中却绝少查到有关的记载。这种大众化的饮品，极有可能是民间草根的发明。作为古代岭南百科全书的周去非的《岭外代答》，其中“食用门”只有寥寥几条记录，中有一条记载广州“不以贫富、长幼、男女，自朝至暮，宁不食饭，唯嗜槟榔”，认为可以“辟瘴、下气、消食，食久，顷刻不可无之，无则口舌无味，气乃秽浊”。这

02

03

种情形，与现代岭南人嗜饮凉茶十分相似。只是现在岭南已绝少有人嚼槟榔了，倒是凉茶的地位日渐显要起来。尽管槟榔与凉茶相去甚远，但南方高热多雨，暑气熏蒸这种气候始终没变，喝凉茶可以消暑散热、解毒去湿，其道理是一样的，是人们对“水土之异也”的必然选择。岭南人在炎酷的暑天里，会感到燥热难耐，心神不宁，容易诱发诸多疾病。如果喝上一杯凉茶，排解热毒，消除湿气，就会觉得神清气爽，加倍精神，这也符合中医学凉热、虚实的辩证，符合“治未病”防患于未然的理念。如果到了北方，人们喝了保不准会感到太过寒凉，甚至会拉起肚子来。

可以用作凉茶的草药，能列出一个长长的名单，具体使用时，可视实际需要或增或减。经过一定的配伍，熬成药汤，对于一般的病症，其疗效是不容置疑的。岭南最知名的凉茶品牌，当数王老吉。王老吉为清朝道光年间广东鹤山人、乳名叫阿吉的王泽邦手创。据说当年林则徐任钦差大臣到广东禁烟，水土不服，加上操劳过度，患上热症。随从听说十三行的王老吉有解暑治感良方，便去买回一包草药。林则徐服后很快痊愈，即亲自登门答谢，当得知王老吉用以治病的不过都是平价草药后，林氏大为感慨，提议王老吉制成凉茶，让人们随到随饮，以防病治病。王老吉听从林大人的建议卖起凉茶来，逐渐远近闻名。为鼓励王老吉，林则徐还特地送来雕有“王老吉”三个金字的大铜葫芦壶，王老吉产品开始畅销两广、两湖、江西、上海以至北京。再后来，王老吉第三代传人于香港、澳门开设分店，并注册了“杭线葫芦”商标。

凉茶在长期的流转过程中，形成各地不同的变种。我所居住的贵港，街头上就流行着当地的一个叫“朱乃正”的凉茶品牌。每个凉茶摊上，都排着两把巨大的葫芦状大壶做招牌，中间是一溜小茶壶，壶上贴着各种凉茶的名字：清肝明目茶，少不了桑叶、菊花，甘甜滋润，于肝有益；止咳润肺茶，少不了薄荷叶、鱼腥草，微辛发散，喝起来胸肺舒张；开胃消食茶，少不了山楂、陈皮，虽然苦涩，却能令人食欲大振。去湿除滞茶，加了生地、茯苓，苦味颇重，但功效独特；茅根竹蔗茶，取材容易，清甜甘爽，没病防病，人人都容易接受……

看到妹子们一手拿着一尾刚从滚烫的油锅里捞出来的炸鱼，边走边嚼、大快朵颐之际，她另一只手肯定还拿着一杯散热下火的凉茶呢！

油茶
打出来的盛宴

文 曾小帆 插画 文一

摄影 _ 陆宇堃

本页摄影_张克祥

有一个段子很夸张，说广西桂林恭城县的山茶树都是笔直的，因为弯曲的树干都被当地人砍下来做木槌去了。

一把茶籽木槌，一柄带有茶嘴和撑脚的铸铁小锅，一只竹篾篦子，恭城人把这一套家什奉为珍宝。用来干什么呢？答案很简单：打油茶。

油茶是山里的东西，准确地说，是广西靠北部一带苗、瑶、侗等少数民族日常食用的一种茶饮。

如果见过山里人打油茶的场面，你多半会大惑不解：一大堆五花八门的食物，掺在一碗茶汤里，这究竟是饮茶，还是用餐，抑或是某种仪式？

在所有打油茶的区域，人们确实是把吃油茶当成了一种礼仪，而且各民族之间还各有区别、各具特色。

侗族素有以油茶敬客的礼节传统。有客自远方来，主人先礼油茶，谦恭问候的话自然不少，若是能歌者，以歌代言更是善中之善。客人必须喝两碗，取“好事成双”之意，也是给主人面子。两碗之后若是意犹未尽，便只交碗而不交筷子，主人便很有成就感地再奉上一碗。

苗族喝油茶的习惯非常独特，一般不用筷子或只用一只筷子，除非茶碗里有汤圆或者糍粑一类的大块佐食。客人至少要喝上三碗，主家才会笑脸相送。

瑶族的习惯是，敬客时的前两碗不送筷子，要想获取进食工具吃到碗里的美味佐料，必须喝到三碗以上。这样的结局当然是主客双方皆大欢喜。

油茶具有显而易见的祛风去湿的作用，在缺医少药的山地少数民族，人们就是用这种方法来维持健康上的某种需要，历史悠久，屡试不爽。

广西各地油茶的制作方法各有不同，但“打油茶”的说法，却似乎已达成共识。从字面上看，“打”是个动静不小的动词。但是在许多地方，比如桂中的融水、融安，桂西北的三江、龙胜一带，山民传统上是用“炒”和“煮”的方法制作油茶，动作轻柔有如家居炒菜一般。再比如，桂林郊县灵川的“炒油茶汤”已经明确点出了制作手法。真正体现“打”字内涵的，只有桂东北的恭城，以及临近的灌阳、平乐等县。由此看来，那把一棍难求的茶籽木槌，在当地还真是一个备受欢迎的家什。

恭城人打油茶，茶当然是主料。取带梗的老叶，发酵后置于火灶梁上熏烤数月。这种色泽深黑、味道苦涩的茶叶，不宜冲泡，但却是打油茶的上佳原料。

茶叶先用开水充分浸泡，以除掉烟火及苦涩味。用猪油、姜（一定是当地特产小黄姜）、葱（必用带根须的葱白）、蒜炝锅，再将泡好的茶叶倒入锅中翻炒，吱吱作响的同时，随即用茶籽木槌将其捣烂，加水熬至出味。女主人端出锅的一瞬间，屋内必定是一片水汽蒸腾、茶香四溢、人声喧哗的景象。男主人适时地递上油茶“三件套”中的竹篾篦子，将茶汤分别滤入碗中。围坐在桌前的客人开始各自忙活起来，撒青葱、放香菜、配米花（一种糯米蒸熟晒干又油炸过的小吃）、加脆果（油炸的小面团），桌面另有酥花生、炒米、炒黄豆等等一应佐茶配食备选。“一杯苦，二杯呹（jiǎ，涩的意思），三杯四杯好油茶。”恭城人一般每天都要喝上几大碗油茶。嗜茶如命，不但是他们的生存方式，而且已成为一种生活形态。

讲究些的人家，经常会把“打油茶”这种家居常态的饮食生活，演绎成一场不折不扣的家庭盛宴。茶桌上还必有猪肝、粉肠、鱼片（切成连皮开边的蝴蝶状），另有炒面充当主食。这些美妙的食材加上猪骨熬制的油茶汤，分明就是一场火锅宴。多数情况下，桌前坐着的，除了家人，还会有邀请来的朋友，甚至偶然经过的路人，喝酒也就成了一个重要的环节。在一片感谢、祝福、怀旧、憧憬的喧闹中，场面最后往往变得难以控制……

茶叶加葱、姜、蒜和食盐，用“打”的手法制作茶汤，这一技法曾流行于一千多年前的唐朝，陆羽的《茶经》中就有“蒸罢热捣”的描述。作为中原文明的一个侧面，这种古老的、代表昔日上流生活方式的烹茶技艺，在中国大地上早已消失。值得庆幸的是，广西恭城这个瑶族同胞聚居的偏远小县城，却无意之中将其保存了下来，成为寻常人家的一种生活形态，并将其提升到与佳肴美酒共处一席的美学高度。

有了这份自豪之后，恭城人也开始向外传播这一古老技艺了。南宁、柳州、桂林……“油茶”的招牌越来越多。更多的广西人在饱茶之余，又渐渐读懂了油茶更深处的涵义。在桂林的大街小巷，恭城油茶店的发展势头有如雨后春笋。一张小桌，几只矮凳，一碗油茶，几个老友……价钱便宜，而且还无限续杯。一次早茶下来，即使日子过得最窘迫的人，也要争着买单。

也有新潮而又偷懒的家庭主妇，把“三件套”扔到了橱柜的最底层，用电动搅拌机制作恭城油茶，成功地简化了“打油茶”复杂而且仪式化的程序。而聪明的商人，则把恭城油茶做成即冲即食的方便食品，推进了超市和土特产店。

继两千多年前秦始皇发兵征伐百越之后，中原文化又一次对岭南文化发起了极为猛烈的攻势。而油茶的力量实在够强劲，这场斗争的结果是：桂林的粤式早茶大幅萎缩。

摄影_陆宇堃

油茶碗备好，芳香已然四溢，连自家花猫都有点等不及品尝了。摄影_魏怀宁

东兰墨米

难伺候的长寿米

文 杨小肃 插画 文一

在壮乡，稻米是一种恒久不变的情结。在桂西北和滇东南的众多壮族山寨里，依然有人在大面积种植还未彻底驯化的旱稻。

比如桂西北红水河畔的东兰县武篆镇，就出产一种没有经过改良的稻谷。当地人费尽周折，沿袭着祖辈们传承的稻作秘密。

6月，都阳山腹地，正是晚稻插秧的好时候。田地里，一场非主流的行为艺术正如火如荼地展开。整理完秧苗后，当地农民黄语剑拿着建筑工地上常见的卷轴线，和前来帮忙的邻居在田里不断比画着，脚下的水田似乎成了一张需要精密测量的图纸。黄语剑每划定一条线，就依线插上被拧掉头的秧苗。不一会儿，水田就被老黄改造成了一个大写的“日”字形，即使讲究科学种田，也很少有人会如此大费周章。而“日”字形之内则成了“有头有脚”的秧苗们的地盘。

这些神秘的“傻大个”，正在水田里开始第一次的生存挑战。收成如何，老黄没有十足的把握。他唯一能做的，就是定时到田里察看、护理。

九十月份，热带风暴频繁光顾，远离海洋的东兰县尽情地享受着台风带来的恩惠，而田里的稻谷则承受着风暴的严酷洗礼。幸运的是，风暴过后，刚刚抽穗的它们好像稻谷中的“姚明”，个个精神抖擞，把“日”字形撑得更加饱满。

摄影_吴越

11月，经过4个多月焦急的等待，黄语剑终于可以给自己的实验一个交代了。这些“傻大个”高1.3米，足足比邻居们高了半个身子，单独种植易倒伏，在小矮人邻居的“帮助”下，才可以茁壮成长。而要想得到它们，必须亲自动手，人工收割，用机器的话就全糟蹋了。于是，一种被称为“禾剪”的古老农具成了黄语剑的最佳拍档。

脱粒之后，饱满的紫黑色果实让黄语剑掩饰不住地兴奋起来。原来，这些另类的家伙们有一个别致的名字——东兰墨米，是东兰山区稻谷的土著居民，已在这里生活了四百多年。

东兰墨米的祖先是一种旱稻，生长在山中。如今，经过长期的驯化和培植，农民们终于如愿地把这些山野里自然生长的野生稻谷，改造成了今天的水稻，并一茬一季地耕种到现在。随着野生稻演化成了水稻，一种属于壮族文明的稻作文化应运而生。

在很长一段时间里，用墨米煮粥给缺少营养的产妇们补一补，是当地人对墨米最大的认知。近年来，人们发现东兰墨米所含人体必需的氨基酸达18种之多，而且这里的很多长寿老人日常饮食中都有墨米，这一发现让东兰墨米迅速走红，备受市场追捧。

在东兰县，墨米每年的种植规模在5 000亩左右，年产量大概在10吨左右，每年都是早早地被外地客商订购走了。身材高大的墨米需要按照传统方式间种才不易倒伏，虽然行之有效，但是种植面积只占稻田面积的一两成，这让很多当地农民都觉得难以伺候。如何扩大种植成了亟待解决的问题。

老黄用自己实验的成果奢侈地酿上了几坛墨米酒，并把第一碗端给自己年过九旬的父亲品尝。庆祝丰收的时节，乡亲们摆起长桌宴，分享美味。东兰墨米，也将以其独特而神秘的姿态，长久地留在“爱米如命”的广西人的记忆里。

农作物的进化过程非常缓慢，在人类栽培行为开始后的很长时间里，原始稻都没有变为栽培稻，所以从基因学的角度探寻最早的栽培稻，并不能得到最早的栽培行为发生在何时何地的结论。我们只能从考古学的角度说，在距今10 000年前后，中国南方和北方同时出现了植物耕作行为。

广西美食地理

文 陈晓卿

《舌尖上的中国》故意回避了广西

广西是中国饮食最复杂的地方。

两部《舌尖上的中国》都故意回避了广西的内容，当时我知道中央电视台就要跟广西电视台合作拍摄《秘境广西》，所以特别留着广西美食，憋大招。

我最初深入广西是去拍摄纪录片《龙脊》，拍的是偏远地区孩子的上学情况。龙脊在龙胜各族自治县，那里是国家级贫困县，饭都吃不饱，何谈美食？真正使我对广西美食产生认识的，是在1992年。那时候我对螺蛳粉和老友粉感觉特别好，在那前后又接触了广西电视台制作的《说说广西》，很快就对广西美食产生了兴趣。广西美食最大的特点就是多样，每走二十公里就有新的惊喜。

要想发现美食，需要经过“警犬队”的训练，还要有好奇心和勇气——当地人都吃的，肯定就好吃。比如广西的鱼露、沙蟹汁、牛瘪、羊瘪，都是非常不错的美味。而侗族酸鸭子，又酸又臭，却香艳无比。它有点像绍兴的霉苋菜或者长沙臭豆腐，但后两样都是植物发酵产生的臭，酸鸭子是动物沉淀发酵后产生的臭，非常有特色。

我吃过的广西菜品里，搭配最地道的是荔浦芋扣肉。首先挑选野生猪肉的“二刀坐墩”——这是四川话，“坐墩”是猪屁股，“头刀”是臀尖，肥肉占八成，俗称肥八瘦二，“二刀”是割下“头刀”以后的第二刀肉，俗称肥四瘦六，皮薄肉嫩，是四川人做回锅肉的首选。“二刀坐墩”肉先用白水煮到八分熟，再跟芋头一起上锅蒸，肉里有芋头香，芋头里充满“动物性”，两种食材的味道融在一起，特别香。以前荔浦芋不是一年四季都能吃到，9月才是收获的季节，再放一个月左右水分蒸发一些的最好。不过现在哪个月都有芋头了。

三分广西有五味，各种渊源

为什么广西没有自己的菜系？因为她的饮食风格太复杂。广西饮食可按地域分为三块：南部说白话的粤语区，包括梧州、玉林、北海、防城港、钦州、南宁，菜式偏粤味；靠近湖南的桂柳话区，涵盖柳州、贺州、平乐、钟山、桂林，饮食带有中原风格；最后是靠近西部的少数民族聚居区，如百色、东兰、南丹、融水、三江等地，以少数民族的饮食为主。广西的饮食构成跟云南有点像，只是云南没有粤菜。

而不同的“风味带”在三个区域里也比较突出：南边的玉林盆地、北流，物产比较丰富，食物的选择多些，口味偏清淡；在北海很难吃到腊肉，但可以吃到鱼干；西边少数民族地区，选择要少得多，相对吃得咸，还很流行适宜久存的腌渍和腊味；北边桂林和周边地区，吃的东西更接近北方，比如桂林三宝——辣椒酱、豆腐乳、三花酒，就是典型。

这三大区域，其实主食都是米食，还都是粉食。在饥馑岁月，以及由于特殊气候和小环境的原因，各个地方会种植一些像荔浦芋头这样的独特农作物，有的地区也食用玉米、红薯，但都不能连续成地带。所以在别的地方可以依主食不同而划分的“五谷带”在广西就不存在。

我认为，五味或者说风味，是水土决定的。我吃过全国很多地方的空心菜，包括台湾种得非常少的温泉空心菜，都没有玉林博白的好。博白空心菜外观不特殊，稍微高一点粗一点而已。但它口感很脆。脆到什么程度？一把空心菜，抓住中间一抖，两边就都掉了。这样脆的空心菜，根本运不到北方来。

梧州龟苓膏就是比其他地方的好吃，台湾的烧仙草离开本地也是不一样的味道。这跟京族流行鱼露一样道理，不是南部的海边，怎么会有鱼露呢？

吃得正，还得吃得巧

广西客家人喜欢做酿菜，也叫让菜，就是把肉馅放进食材里一起炸。尤其是桂林，茄子酿、莲藕酿、辣椒酿，甚至还有豆角酿、豆芽酿。

春夏之交南瓜开花了，做瓜花酿，南瓜花洗净、去蕊、放肉馅包裹一下，像炸天妇罗一样。少数民族这样做的还是少一点，这是生活条件好了以后讲究的吃法，饱含巧用食材的智慧。

漓江鱼特别容易做老。为了保证鲜嫩，人们将生鱼简单料理之后，装在一个小铝盆里，再放在装水的大锅里，这样铝盆里的温度永远达不到100度——多么巧妙！

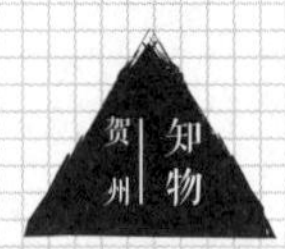

贺州百菜酿源自客家人对饺子的思念。

贺州的入境游客总量为广西第二，其下辖钟山县为广西最大的大理石生产基地。

阳朔有一道菜叫螺蛳鸡，田螺和青椒童子鸡一起爆，然后在大锅里焖一下。广西田螺酿很普遍，田螺肉掏出来和肉馅一起搅拌均匀，再塞回壳里去。螺蛳鸡不一样，田螺肉还在里头，爆完以后田螺肉里充满了鸡脂肪的氨基酸的感觉，难以言表。我每次去都是先要一份，然后用剩下的鸡肉再炒一份螺蛳。人家的卖点是鸡，我爱的是螺。

全国卖的福寿螺等吃的螺，都是北海养殖的。如今，想吃到地道的螺蛳鸡，要去漓江下游月亮山那边，不在阳朔传统旅游区，那里已被过于染指。

酒量大小，等高线说了算

广西有句概括民族分部的俗语：苗瑶住山头，壮侗住水头，汉族住街头。

广西饮食其实也存在这样一个等高线：山顶上的苗族和瑶族，河边的壮族和侗族，以及平原上的汉族，不同民族有不同的饮食习俗。甚至酒量大小也跟等高线有关——因为要御寒，越是海拔高的山顶，越需要喝酒，加上出山一次比较困难，装酒的容器就需要大个的，苗族人和瑶族人用的都是大号的桶。随着海拔的下降，山腰、山下的水多了，酿酒的就多，气温也不那么低，酒量自然递减，装酒就用小桶了。

广西的酒分几种，龙脊水酒是典型的米酒，属于甜酒，度数在十度以内，发黏，拿筷子挑带拉丝，家家会酿；等高线往上走，酒精度就高了，人们就自己在米酒里掺工业酒精。我在龙脊喝瞎过一次，喝了三碗就中毒了，整整一天睁着眼什么都看不见。不过龙脊人没事，他们都习惯了。

还有一种红薯酒，山上少数民族喝得比较多，就地取材，味道不如粮食酒；等高线往下就是单蒸酒，也叫米单，蒸馏一次，度数不太高，大约二十度；再往下走就是米双了，蒸馏两次，酒味相对浓一些，度数也高些；到了桂林就有三花酒，蒸馏多次，提纯多次。米单、米双和三花酒，分开看没有太明显的差别，摆在一起就有意思：一个是米汤，一个是米汤碗没洗，还有一个是清水。

可以说广西不够甜，不能说广西不够酸

螺蛳粉的全国流行使人们认识了柳州酸笋。柳州、桂林、南宁都做酸笋，但柳州螺蛳粉、桂林米粉和南宁老友粉里的酸笋，食材、做法、大小、形状、比例都不一样。

广西的酸有很多，柳州的酸是酸笋的酸，桂林的酸其实偏咸，是古代以酸代盐习俗的遗存。酸对于桂林曾经十分重要，桂林的酸萝卜、酸豆角、酸豇豆、酸黄瓜，都是腌渍的酸，是用来做调料的酸。

桂林菜里有一个酸炒系列，代表菜是酸炒牛肉、酸炒青蛙、酸炒牛杂。

广西还有一种果酸，在一些城市的街边，都能看见酸嘢摊，那些五颜六色、被腌渍成偏甜口味的酸水果代表的就是

果酸，这是东南亚传进来的食酸方法。在北海的一些食物上非常容易就能找到越南、泰国的感觉，像鱼露、沙蟹汁，都是比较“蛮夷”的美味。

有一个奇怪的现象——广西蔗糖产量占全国60%甚至更多，可是行走广西，你很难感觉广西人食物偏甜。要知道甘蔗的原产地不是中国。中国人最早吃的糖是蜂蜜、麦芽糖、关东糖，很多是从粮食里提取的，蔗糖和提取蔗糖需要的结晶工艺出现得都晚。

甘蔗对于广西是舶来品，生产完蔗糖就销售到全国。如果在农业社会时期就有甘蔗，那广西人应该就嗜甜了，现在食用蔗糖还没有完全形成风俗。

当然也有例外，在南宁和大瑶山，不少人“喝糖”。罗汉果、甜茶、绞股蓝，都可以用来泡甜水喝。我在山区还看见有的老百姓直接从糖罐里舀勺糖出来吃。

世易时移，不复美好

广西的鲜榨粉都集中在北回归线附近，有点微微的柠檬酸，特别滑爽，比桂林米粉滑爽多了，这跟温度、湿度有关。在桂林，好的米粉店到中午粉就卖没了。

在北京也能吃到桂林米粉，但正宗的制作成本太高，只能用干粉泡。有一个叫小文的年轻人在北京开桂林餐馆，我跟他探讨过桂林米粉在北京的问题。他给我看刚做完的米粉，非常好；再看做完一个小时的，放在上层的已经缩了，不再是水润的。打个比较直观的比喻，同样是桂林米粉，在桂林吃到的是现场交响乐，在北京吃到的是山寨手机外放广场舞。

如果游客想带一些广西特产上路，还是带桂林米粉吧。广西最杰出、同时也最能反映广西饮食风格多样的就是米粉。我在去桂林两江机场的路上，必经一个心仪的桂林米粉店。每次我都要用小的矿泉水瓶装满店里煮得很久的卤水，菜、粉另外包装，飞到北京就可以吃。这才叫特产，吃到的是鲜活的东西，而不是木乃伊。

我第一次去广西，吸引我的并不是美食，而是山歌。当地有一个姑娘，汉话说不好，所以就给我唱山歌交流，连着唱了24首。第一首歌词是“哥哥命好住河南，妹妹命苦住高山，苦命妹妹高山住，见天容易见哥难”，一直唱到晚上一点多我还没听够。于是姑娘就唱，“睡了吧，明早起来种油茶，哥种油茶妹种豆，油茶结籽豆开花”。多么美妙！

最近我去广西南丹采风，那里是白裤瑶唱“细话歌”的地方，曾经得我钟爱，但眼前所见让我大失所望。当年纯真动人的“细话歌”遁去了何处？

在公路的终点之外，一个多小时脚程的崎岖山路引领我们到达了一处村落，我们以为这里也许足够纯粹与原味，却发现村里的人们正在看湖南卫视。也许这就是无奈的答案。

知物 米粉

延伸阅读 更精彩

摄影 _ 林帝浣

米粉
平和的广西人
任性的广西粉

文 曾小帆 图 王凯 插画 文一

难以想象，如果有一天广西人吃不到米粉，会是一种什么样的情形。作为一个自豪的广西人，笔者以为，广西是中国米粉种类和制作方式最多的省份。在这块土地上无论东西南北，都有适合当地人口味的米粉，做法从无汤干捞，到浓汤重味，从生榨现煮，到干粉发制，种类之繁多，制作之复杂，品相之精美，味道之迥异，无不令外省人叹为观止。其中传播最广、名声最响的三大粉种是：桂林米粉、柳州螺蛳粉和南宁老友粉。

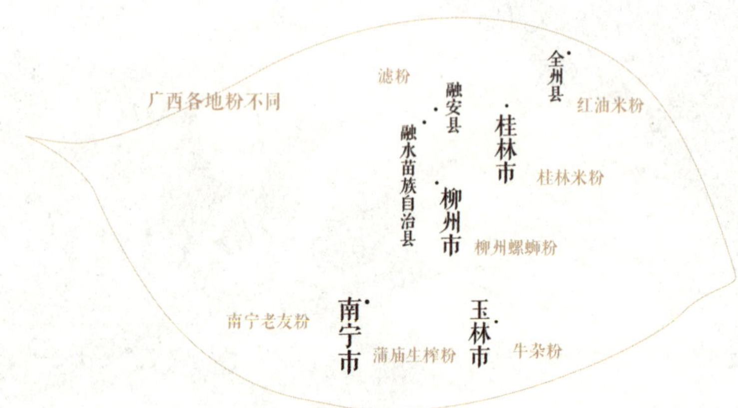

桂林米粉

“芼”是壳，卤水是核

米粉这种小吃，中国南方出产大米的地方几乎都有。在全国范围内叫得出名头的，无外两种：一是云南的过桥米线，另一个就是桂林米粉。但是若论推广程度和流行范围，桂林米粉就要略胜一筹了。

桂林是座典型的喀斯特地貌城市。上苍将一大片自然瑰宝投放在这里，这是桂林人的幸运。从隋唐以来的很长时期，桂林一直都是广西城市中的No.1，广西简称“桂”便源于此。悠久的历史和得天独厚的旖旎风光，造就了桂林人多少有些自大成分的心理优势。因此，在这座小城里生活惯了的人们，很容易就形成一种“别无他求”的性格，无意之中，他们竟然顽强地坚守了一种地域文化：整个城市大都天天吃一种米粉，使用一种方言——西南官话（学名叫北方方言西南次方言），并且人人都相信自己的生活打理得并不比别人差，尽管日子过得不富裕。

今天，很多城市都变了，变得陌生、嘈杂、喧嚣、躁动，但桂林仍然是桂林人的桂林——亲切、安静、平和、悠闲。

桂林米粉的两大要素：一是“芼”，二是卤水。“芼”是壳，卤水是核。

一把新鲜的米粉在约80℃左右的热水中晃

【桂林米粉】

【玉林牛杂粉】

【南宁老友粉】

【柳州螺蛳粉】

动20秒，这一过程广西人叫作“芼”。“芼”与“冒”同音，国人使用这个词的历史可以追溯到先秦时期，《诗经》中对窈窕淑女就有这样的描述：“参差荇菜，左右芼之”。“荇菜”长在水里，“芼”即随波摘取。

“芼”好的米粉沥干水，扣入碗中形如龟背，一小瓢卤水被均匀地浇在面上，卤水被温热的米粉一烘，丝丝香味缓缓升华，一种氤氲气氛顿时弥漫开来。

到了这一阶段，分类学意义上的桂林米粉已经完成，至于再往上面叠加薄如蝉翼的卤牛肉片，或是油炸得焦黄香脆的猪下巴肉（桂林人称为锅烧），就都显得不那么重要了。

桂林米粉的来由众说纷纭，近年流传甚广的说法，认为两千多年前秦始皇发50万大军讨伐百越时，由于吃不惯大米，便把制作面条的工艺移植过来，从而发明了米粉。此说乍听之下似乎合理，而且颇具戏剧色彩，但是细考起来则是漏洞百出。征讨百越的50万士兵绝大多数都不是秦国人，而是喜欢吃大米的南方人。

可靠的文献记载桂林米粉特有的卤水创制于清道光年间。民国桂林学者易熙吾（桂林修志馆总编纂）记录在案的“卤水”源自一位曾在山西平遥做官的桂林人，回桂后用平遥卤牛肉的方法，加入本地香料——八角、桂皮等，制作出的卤水格外香甜，与米粉拌和，有无相生，浓淡相宜，风靡至今。

桂林的米粉店大都是前店后坊的模式，独家经营，很少有人在市内开连锁店，尽管这一粉种采用中央厨房配送制的优势远远超过麦当劳和肯德基。“卤水肯定是我的最好”，几乎所有米粉店的经营者都会对别人这么说，这种自信充分体现了“别无他求”性格的价值核心。说完这话之后，他会转身回到店后的作坊，开始操作一天中最重要，也是最秘不示人的工作——熬卤水。

后坊的确称得上是秘境，掌握配方和操作过程的往往只能是店主一个人。实际上这是一个心照不宣的事情，在“我的最好”的性格暗示之下，差不多不会有人会去偷窥别人的“独门秘籍”，除非对方是顶级高手。

幽暗的秘境中，十几种香料和中药材，按不同顺序次第入锅，两小时后，大块的卤牛肉从锅里捞出，剩下的汤汁继续熬煮，渐渐变得浓稠，这就是卤水。桂林米粉是唯一用卤水调料并且无汤的一个粉种，卤水正是其高下的评判标准。

桂林米粉对桂林人而言就是一种“乡愁”，几乎所有出门在外的桂林人，无论差旅、工作或者游学，回到桂林的第一件事就是吃一碗桂林米粉。当年李宗仁逼蒋下野当上代总统的当晚，在南京傅厚岗的寓所里大宴宾客，席间一道最受欢迎的美味，便是专程空运过去的桂林米粉。

今天，不止广西，全国各地都能见到桂林米粉的招牌。令人不解的是，在外地开店的，却鲜有桂林人的身影。

柳州螺蛳粉

街边小食往前发展的一小步，竟是柳州名气上的一大步

桂林往南170余公里，便是广西最重要的工业重镇柳州。柳州也是一个喀斯特地貌的城市，也有一条穿城而过的河流，方言同样是西南官话，但是这座城市的性格却与桂林迥然不同，饮食口味自然也大相径庭。

柳州螺蛳粉很年轻，和中国改革开放的历史几乎同步，它源于上世纪80年代初街边的螺蛳摊。一口装满螺蛳的大锅，几张小桌，一群年轻人围坐在一起，一边“嗍”（suō）螺蛳（“嗍”是象声词，又表动作，意为撮口奋力吸入），一边大聊特聊，上至国家大事，下至家长里短，一肚子见解和点评。每至夜深人静，螺蛳“嗍”了一大堆，肚子却空了。这时，有准备的摊主当然不会放过商机，“要不要来一碗粉？”斯时斯刻，饥肠辘辘的侃客们如何会拒绝这样温馨的建议？于是，买卖双方皆大欢喜。

粉是事先发好的干米粉，在沸水中煮透盛于碗中，浇上一瓢滚烫的、酸辣浓香的螺蛳汤，这就是螺蛳粉的雏形。

如果说干米粉是形，浇盖在上面多达十余种的杂色配料是衣，那么带螺蛳香味的汤就是灵魂。

那个年代，螺蛳粉仅仅是街边螺蛳摊上的小吃，没有人意识到这样一款重口味的街边配食（不是主食）的背后，竟然蕴藏着巨大的市场魅力。做螺蛳摊生意的摊主们，把所有心机都专注于螺蛳汤的制作。

不放弃自身传统，但又不拒绝外来文化，将所有喜欢的口味掺杂在一起，这就是柳州杂色性格的要旨。

南宁老友粉

大汗淋漓，催人“发表”

广西的首府南宁，就像一个还没准备好，一下子便已长大的孩子，一切都在变化和跳动着。因此她的性格构成中，也就包含了太多的不确定性：一面宽厚得近乎温柔，另一面又热辣到令人窒息。

十几年前，南宁还是一座以粤语为主导语言、可以趿着拖鞋漫步街头的城市。渐渐地外来人口多起来了，再后来，竟然多到超出原住民好几倍的程度。不同民族，不同语言，不同习俗，不同口味……这个城市开始变得复杂起来。猛然间，人们才意识到，南宁已经不完全是南宁人的南宁了。

不同的语言尚且可以归拢到“南普”（南宁普通话的谑称）的平台上来，而不同口味的“归口管理”则是件无论如何也做不到的事情。于是各地餐桌经营者便纷纷涌入南宁，把当街门脸的租金哄抬到令原住民们啧有烦言的地步。所幸的是，老南宁生活中不可或缺的老友粉，也乘此机会将自己的老面孔，捯饬到了一个前所未有的高度。

南宁老友粉的起源晚于桂林米粉，但又比柳州螺蛳粉早了许多。自上世纪30年代，这一粉种在一间粤式早茶的后厨里被成功研发出来后，便被本土人士广泛接受并深受追捧。受岭南文化影响至深的南宁人，对老友粉酸辣热络的健身疗病功效，持有一种深信不疑的敬意。

把炒锅烧旺，放酸笋、辣椒、豆豉，以及少许蒜米煸炒，待香味溢出，下瘦肉、猪肝、粉肠翻炒至熟，倒适量清汤，稍滚即加入米粉，调味出锅。这就是一碗经典的南宁老友粉。

一所酷热难当的城市，怎么就会创造出这

样一种催人大汗淋漓的食物呢？如果这时恰巧身边坐着的是一位老南宁，他会轻轻一笑：朋友，这叫“发表”，把体内的汗液逼出来，能够起到排热、排湿、排毒的功效。

酸笋、辣椒和豆豉的组合是否果真有药用功能尚待研究，但这三样食材却构成了南宁老友粉的三要素。现煮的肉和粉是表象，而三要素组合而成的味，则是内在的美学真谛。

至于配料，南宁人和桂林人在选材的理念上有着巨大的差异。前者会选用最好的荤料，由于老友粉是现煮的，瘦肉若柴，猪肝若脆，粉肠若硬，第二天这家店便再也无人问津。桂林米粉的制作全在后坊，材料当然不必选最好的，这是桂林人的精明细致之处。

用成本高的材料制作出来的产品，价格上当然要有所不同。因此，当桂林米粉每碗售价是3.5元时，南宁老友粉则恰好翻了一倍。

在配料的称呼上，两座城市之间亦有难以调和的矛盾，比如锅烧。桂林人将铺在米粉面上的一层香酥脆口肉皮叫作“锅烧”，而桂林米粉传至南宁之后，这一饕界术语就变成了卤牛肉的代名词，“锅烧”则被改成了一个简单贴切的新名字——“脆皮”。致力于坚守传统文化的桂林人至今仍对此耿耿于怀。

有人为了平息事态的发展，专门查阅了美食经典《随园食单》，其中描写的“锅烧”是这样的：“煮熟不去皮，放麻油灼过，切块加盐，或蘸清酱亦可。”说白了，就是白切肉！如此看来，矛盾的双方谁都没有占到文献上的优势。南宁老友粉的传播范围大致覆盖广西境内，除了桂林及其以北地区。各地经营老友粉的大多是以白话为母语的人士，少见南宁人。

一个被老友粉遮盖了的事实是，南宁是粉种最多的城市。据说在南宁吃米粉可以一星期不重样。

全州红油粉、桂中滤粉、玉林牛杂粉

特辣、特鲜、特别爽

蒲庙在南宁附近，这里出产一种生榨米粉，在南宁及周边地区亦大受欢迎。此粉种的特色在于现榨现做。店家将发酵好的一大块膏状米团，通过压榨器手工压成圆条粉状，落入热汤滚滚的锅中，不出3分钟，白花花的米粉就能出锅。配料为豆腐干、头菜碎、猪肉糜这老三样。

坐落在桂林以北100公里的全州县是桂北水稻的主产区，有句老话“全州熟，桂林足”，街面上见到“出榨米粉”的招牌，进店招呼一客，端出来一看，原来就是生榨米粉！全州人对此另有称谓：红油米粉。

此处的关键词是红油，足量的海椒研成细末，足量的生油烧至极旺，二者的掺合物就是红油。全州红油粉极细，油极旺，汤极宽，为当地人的早餐首选。

广西还有一个地方出产现做的米粉——桂中的融安、融水两县。两地世居原民多习苗俗。饕客的兴趣点大多会聚焦在一种叫作滤粉的小吃上。此粉的要点在于“滤”。传统的做法是选用硬米或多年的陈米，用水泡一定时间，和水打浆，用滤盘滤成条，入沸水，粉条浮起即捞，现煮现吃，味道新鲜自然。顾客盈门的店家作品，往往以条粉结实圆滑,夹而不断，入口筋道，汤色清丽，卤汁浓郁见长。配料中有一品叫“烧蔗”的肉食最令人称道，外形口感与“烧肠”类似，把剁碎的肥瘦猪肉填入制作好的肠衣中，入油锅炸至金黄，切成两寸长短，置于配料案板一侧，以色泽和香味诱人，特为老饕所备。烧蔗不是一碗滤粉的标配之物，想要一饱口福，需另外付账。

桂东南一带是典型的粤语区，因而受广东饮食文化影响至深。性格中“勤奋”占据很大比重的玉林人，深谙处理牛杂之道，无论白灼、热炒、黄焖，皆有脆嫩滑爽的口感。

牛杂入粉，粉与牛杂必须现煮，精妙之处在于汤。汤色清淡却暗蕴牛味，毫无腥膻之感。现煮米粉的操作工艺，就是从广东传过来的。如今，玉林牛杂粉也已经推广到广西各地，成为广西人喜食的粉种之一。

五色糯米饭 自然有斑斓

文 冯翊明 插画 文一

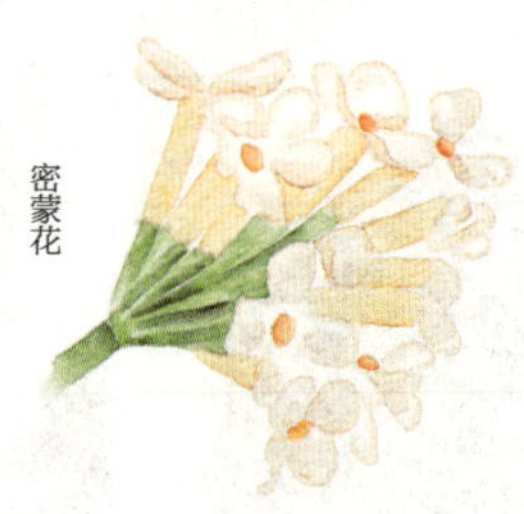

密蒙花

黄姜

红蓝草（当地俗称）

黄栀子

枫香

如何丈量时间的脚步？一朵花开，一片叶落，从泥土里长出的嫩芽，落日橘红色的余晖，第一次爱的亲吻，第一道皱纹……又或者，一道和自然一起完成的食物。

每年的三月三是壮族人的重要节日，这一天和清明节一样，是壮族祭拜先人的日子，这也意味着，吃五色糯米饭的时节又到了。

阳春三月的野外，春容满眼，草花如绣，小草在暗绿之上添了新绿，树梢绽出点点嫩红，酢浆草开得更茂密，红花蓼纤细的茎秆变得挺拔。但壮族人看惯了这些周而复始的小变化，他们更在意其中一些植物的生长，因为这些植物会协助他们完成为“敬天敬神敬祖宗”而准备的五色糯米饭。

这道有着白、黑、黄、紫、红等几种颜色的糯米饭是用植物染剂将原本是白色的糯米染色，其染剂全部萃取自大自然的花、草、树木和果实，是真正的纯天然染剂。“草木染”是大自然给人类的礼物，早在两千多年前的东周时期已在民间普遍应用，《诗经》中“终朝采绿，不盈一匊”、“终朝采蓝，不盈一襜”中的“绿”和“蓝”便是两种染草，可染出黛色和青色；“缟衣茹藘，聊可与娱”中的茹藘则是茜草，可染红色。“草木染”中包含的是古代先人的经验与智慧，绵延传承，直到今天。

每一位壮族的家庭妇女都会做五色糯米饭，但做出来的颜色如何，则要看各自的手艺和花费的心思。每到三月三，家家户户都做好了五色饭，空气中布满了带着山野气息的糯米饭的馨香。孩子们拿着妈妈做好的糯米饭，走在村子里，故意边走边吃，暗地里比着谁手里的糯米颜色更漂亮。如果糯米饭红得扎眼，黑得发亮，吃起来便带了示威般的洋洋自得。反之，就显得底气不足，甚至有点垂头丧气。所以，做的分寸和方法很重要，壮家妇女们经过代代相传和亲身实践，都有自己的独家心得。

让我们收摄起浮躁的心，做一个忠实的记录者，记录下这自然万物之间精妙的合作。首先是染剂的准备。染草有枫香树叶、红蓝草以及密蒙花、姜黄等好几种，通过捣、煮、泡等方式取汁后浸泡糯米数小时甚至经日，然后上锅蒸熟。

五色糯米饭中的白色是糯米的本色。

用来做黑色饭的枫香是一种南方极少数在冬季落叶的树木，壮族人称“枫叶”，是金缕梅科枫香树属植物。黑色饭是公认气味最芳香的，制作最为复杂。枫香的选取最挑时节，只有清明前后长出的叶子才能用作黑色饭的染剂。叶子不能太嫩，也不可以太老，有经验的挑选方法就是选取那些绿中带红的叶子。将枫香叶和嫩茎捣碎，然后放在锅中泡煮，泡煮的温度是成败的关键，看到锅底冒起虾眼泡儿便必须撤火，用手不断揉搓出汁，水凉后再重新加热，反复多次，最后用取得的乌汁泡米。

即使是从小就吃五色糯米饭的人，大多数人也都以为红饭和紫饭出自同样的草，还给了它一个梦幻的名字——红蓝草。但在我的追问之下他们就会含糊其词：“大概是煮的时候水温不一样吧？”“可能是叶子嫩和叶子老出来的效果不一样。”终于，有人道出了真相：“做红饭的草叶背有毛，做紫饭的没有。”

果然，把做红饭和紫饭的两种草放在一起，乍一看，它们简直就是一对双胞胎。这也不奇怪，因为它们俩本来就是同一家族——茄科红丝线属的姐妹，只是因为细节的不同，分为单花红丝线和双花红丝线两种，最简单的分辨方法是——单花红丝线的叶片背面密布细毛。单花红丝线煮水后浸泡出来的米蒸熟后呈鲜红色，双花红丝线汁液泡出来的米可以蒸成紫颜色的饭。

黄色饭一年四季都可以做。山栀子长在山上，从前满山都是，随手便能摘得一大捧，现在渐渐稀少了。黄姜长在地里，捣碎了，颜色沾在手上，几天都不掉色；密蒙花长在树上，开起花来密密麻麻，晒干后可以保存很久。密蒙花在壮语里有个美丽的名字：Hua Mai。壮话的表述习惯将定语后置，“Hua Mai”的意思就是一种叫作“Mai”的花，它能染出漂亮的明黄色。

在对五色糯米饭的制作刨根问底的过程中，我窥见神奇，收获感动。这是一道源自远古，年复一年为敬天敬神敬祖宗而采撷自然植物，并由壮家主妇亲手制作的食物，用于染色的植物就栽种在壮家人的房前屋后，或者生长在她们平日里捡拾柴火的山上。这种就地取材的简单出自一份纯粹的初心，但制作工序繁多，耗时长，又有了仪式的庄重。最后成就的五色糯米饭，色彩浓烈却气质谦和，掺杂着草本的清新、枫香的微苦、糯稻的微甜，吃在嘴里便是一种山野的馥馨，诗意在最细微平凡处一点点生发。

这是一道因为相互成全而相得益彰的食物，糯米的洁白、兼收并蓄和植物的颜色、香气缺一不可。是糯米成全了植物？还是植物成全了糯米？事实上，它们早已水乳交融，你中有我我中有你，分不清，也分不开。

造物将美丽的色素藏于植物体内，有的大张旗鼓地显现在花和果实中，但更多的颜色隐藏在绿叶之下，需要经过一定的工序才能使它露出美丽的本原。这不光要了解哪些植物可用来染色，还必须掌握一年四季中植物的生长期，适时采集。农人并不懂得艺术理论，也背不出化学反应方程式，可是他们从浩茫的植物中找寻到这些能染出美丽颜色的绿色生命，发现了取枫香汁的最佳水温，在枫香汁里放一把铁质菜刀令汁液颜色更加深浓，加一小勺盐让颜色更持久，从两种只有细微差别的小草中发现它们拥有不同的色素……敬畏、耐心、勤劳，加上朴素的审美，春天的韶华就这样以味觉的形式保留了下来。

令我感动的便是这些朴素的人对大自然的那份慢慢发现、细细解读的心思。无论人与事，只有热爱和敬重，你才会愿意投入大量的时间和感情。

你还记得吗？小时候用指甲花染指甲，扶桑的花蕊甜丝丝的，或者摁在额上像印度美人的眉饰；美人蕉的花心像蜜，凤凰花的花瓣酸里带涩，有青橄榄的香气……十岁以前，我们都是天使，后来，我们落入凡尘，渐渐忘记了天堂的密码。

而密码，其实早已植在草叶，植于花瓣，植入根茎，植入万物，如烙如镌，如影随形。不把“看”仅仅当作一种简单的视觉行为，我们才可以“看见”，领悟到莽苍万物此与彼之间每一点细微的差异和美丽。

摄影_CRI李喆

粽 南北东西小大味道

文 曾小帆 插画 文一

三角粽

凉粽

四角粽

容县黑米粽

驼背粽

跟西方比萨的外露和张扬不同，粽子最显著的性格特征是温和内敛、藏而不露，你永远也看不透它的内心世界。

在美食界，即便和一些美食小品相比，粽子也算不上是什么内容高深的传世大作，几乎不需要戴高帽子的厨艺大师的潜心研究。居家的买菜大妈，在厨房里花上一天的劳动，往往就能满足无论家人、邻居，还是朋友那越来越挑剔、又越来越萎缩的胃。

粽子是一种有双重含义的美味：第一，永远是家乡的最好；第二，妈妈做的永远比街上卖的好。因此，无论在广西，还是在全国，粽子味道的好坏优劣是难以简单评价的。

广西粽子种类繁多，街面上常见的有三种：桂南的驼背粽、桂北的背包粽，以及遍布广西的三角粽。从体量上看，自南向北，从东到西，大致呈现一种由大到小的趋势。

桂南的粽子，背部高耸，形似一个驼背老人，因而被冠名为“驼背粽”。其名头最大者，当数南宁附近的“横县大粽”。此粽之大，夸张到令人匪夷所思的程度。外省人很难算出这样一道数学题：一气呵成，吃掉一条重达10斤的粽子，需要多少个“大胃王”的努力才能完成呢？

相比之下，二两一枚的桂北背包粽，就显得秀气得多，享用起来当然也就不会有那么大的压力。背包粽因捆扎的方式形同背包而得名，产量最大、忠实粉丝人数最多的桂林市对这种小巧紧实、馅料丰富的粽品，自然拥有不可撼动的话语权。

横县与桂林，一南一北，粽子的个头为什么会有如此大的差异呢？若要究其原因，就在于包装材料上。

桂南包粽子用的是一种叫作“冬叶”的野生植物叶子，广泛生长在房前屋后、田间地头。此物宽大结实，在历史上就是岭南一带粽子爱好者的至爱。出版于清朝初年的《广东新语》有如是记载：“有冬叶者，状如芭蕉叶，湿时以包角黍（即粽子）……盖南方性热，极易腐败，唯冬叶可持久。”

桂林不长冬叶，而盛产竹子，因此背包粽

广西人一年四季都爱吃粽，因此商家总会储备各式各样的粽叶。摄影_吴越

如果食物有性格，那么粽子就应属于饱含情谊且不善表达的那类。把壮锦别出心裁地与粽子结合在一起，似乎可以让人感受到粽子的绵绵情谊。摄影_井韦

的包装物就只能用宽仅寸许的、材料便宜的竹叶了。包一款巴掌大小的背包粽须用好几张竹叶，才能达到无缝拼接。桂林背包粽称得上是当地的专属产品，鲜有卖到外地的。如果在桂林以外的地方碰到打“桂林粽”招牌的摊主，一定要问问是否是桂林人，若不是，此粽假冒无疑。

宜州，一个位于桂西北的县级市。此地不但有歌仙刘三姐，粽子也是当地人引为自豪的名吃品牌。宜州粽的形式花样繁多，小型的有二两重的三角粽、四角粽（背包粽）、三角长尾粽，巴掌长的圆筒粽、金字塔粽（驼背粽）；大型的是一两斤甚至五六斤重的枕头粽。出于对本地文化的热爱，宜州人传统上很少品食非本土粽子。几年前，在中国旅游日这一天，宜州的一个景区就以一只重达366斤的“粽子王”，让四方游客大快朵颐。类似这样的活动在广西天天都在发生。在广西各地的菜市场里，几乎都能看到“宜州粽”的踪影，坐在后面的一定是地地道道的宜州人。

柳州街头吃粽子，一般不用碗碟。粽叶展开，用一把弓状的切割器，将粽心剖开，撒上胡椒粉，淋点麻油，缀以少许芫荽（香菜），直接就摊在桌面上。一品热气腾腾、软糯绵香的粽子，顷刻间就只剩一堆叶子了。粽叶只要完整就可以循环使用，据说效果比新的更佳。

粽子也有凉吃的，南宁的凉粽就非常适合在酷暑难当的夏天食用。凉粽是个长约15厘米、直径3厘米的椭圆柱体，多淡口无馅，竹叶包装，外面用棉线捆扎。先解开一半，蘸糖油，入口有弹脆感。渐次往下解开，颇有渐入佳境的层次感。

还有更为火爆的吃法：油炸粽。油炸粽是粽子家族中唯一没有外包装的品种，在大城市里已很难觅其身影，多幸存于城管力量薄弱的小城镇街边转角的地方。一口小油锅，操作者差不多都是面色和善的老妪。仅需一元钱，就可以享用到一款冒着油泡的方形或者三角形的外脆内香的粽品。

广西人对粽子的热爱程度很难用语言表达，这种原本在端午节才食用的小吃，已经被延伸到了任何一个节日，因此就有了这样的形容：无粽不成节。

摄影_蔡小川

广西菜 上天入海皆为食

文 曾小帆 插画 文一

美食，其实没有什么标准。一般认为，入口舒服，味道耐人寻味，之后没有不良反应，这样的食物，就可以归于美食的范畴。

而食材的选用，则更是因地制宜，就地取材了，所谓靠山吃山，靠海吃海是也。有人为广西菜所选用的食材范围做了这样一个界定：『能飞的除了飞机，带脚的除了桌椅，会游的除了轮船。』大多数广西人听了这话非但不会生气，反而会哈哈一笑。

2002年《桂菜精粹——广西风味菜选集》的出版第一次正式提出『桂菜』的说法。

各地鸡鸭味不同

“能飞的”当然是指鸡和鸭，这两样食材全世界都在用。广西地处中原和岭南两大文化交汇的地方，以鸡入肴，在地域上首先就有很大的差异，这种差异在理念和实践上激烈的碰撞，就具体体现在火和水的方面。

桂北靠近湖南，受中原文化影响较深，鸡的做法比较硬朗。桂林餐桌上常见的一款黄焖鸡可为这一论断提供很好的佐证：

葱、姜、干红椒炝锅，倒入鸡块，武火爆炒，加三花酒（桂林特产，米酒中的代表作）、酱油调味调色提香；改文火焖锅，再放入冬笋、木耳、青蒜，略焖出锅。

此品要诀是全程不下汤水，用鸡肉本身的水分焖熟。原锅带炉具上桌，原汁原味原香，入口筋道炽辣。寒冬腊月朔风凛冽之际，呼朋唤友围桌小坐，炉火正红，鸡肉飘香，气氛热烈。黄焖鸡无论做和吃的方式都非常符合桂林湿冷的气候，也体现了中原民族追求火烈热辣的阳刚食性。

但是世居岭南的人群对起居食俗，有着自己的诠释方式。桂东的岑溪人创作出一品鸡肴，做法和吃法均与桂北大相径庭。用作原料的三黄鸡不大，也就一斤上下，斩成五件，隔水清蒸，小木桶堆码上桌，佐蘸料食用。当地人为这道脱胎于岭南白切鸡的菜品，起了一个既文雅又似乎含有历史意味的名字：岑溪古典鸡。

炎炎夏日，享用这款软嫩清新而又柔情似水的美味的饕客，往往会人手一只，大快朵颐。此时此刻，一杯薄香绵韵的米双酒，正好匹配了这种安静平和的氛围。回避了刚烈的火，运用了柔性的水，恰好表现了岭南族群追求阴柔水韵的性格特征。

以鸭入馔，广西人似乎不必承袭外来的文明教化，天生就具有一种烹饪本能。出自南宁本地的一道柠檬鸭，以复杂的配料，丰富的口味，将鸭肉的制作推到了美食界的一个制高点。

取四斤左右的土鸭斩件飞水，加

桂林黄焖鸡

柠檬鸭

酸姜、酸藠头、酸辣椒、酸柠檬、山黄皮，去臊调味，淋老抽上色，用文火焖熟。

用酸，而且运用多种元素的酸，并将其融合在一起，这是南宁人独创的烹制鸭肉的方式。也只有在广西南宁这样一座兼具少数民族习俗和异国饮食风情的城市，柠檬鸭才能被创造出来。

柠檬鸭那复合而诡异的酸香味道，一旦掠过你的舌尖，其穿透力不仅不可抗拒，而且会迅速渗透进你的大脑皮质，留下难以磨灭的记忆。

很少有南宁人在南宁以外的地方展示柠檬鸭的技艺，因此，这道佳肴不会被冠以“南宁”的名头，在前面最多只有一个很小的地方名称，比如“高峰柠檬鸭”。

同样也是运用了酸的元素，距离南宁市500公里的全州县，有一味醋血鸭，亦对眼球和味蕾极具冲击力。主料用的是当地特产小脚鸭，体量不大，一般不超过三斤。这种鸭子是在稻田里散养的，与其伴生的还有一种也很著名的食材——禾花鱼。醋是老坛里的酸水，血为生鸭血。全州紧邻湖南，人皆嗜辣，因此当地盛产的海椒必须大量拌入其中。

鸭肉焯水沥干，姜、葱、蒜爆锅，肉、血一同下锅煸炒，次第加入海椒、苦瓜和大豆角，倒酸坛水和半斤米酒焖锅。

此品鸭看色泽褐黑油亮，酸香扑鼻，入口热辣刺激，低度米酒是当然的佐餐首选。

全州人大多不会拒绝出门谋生的机会，因此全州醋血鸭也就跟随背井离乡的漂族们在广西各处遍地开花。经营这道美味的无一例外都是全州人。

陆川猪、玉林牛杂与鬼马牛腱

广西东南部出产一种以地名冠头的肉质细嫩的猪种，叫“陆川猪”。该县的乌石镇擅做一道美味叫白切猪手。

陆川猪前腿用白水煮至微透，捞出取掉胫骨，以竹片棉绳捆牢，

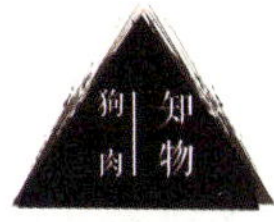

几乎全世界都有吃狗肉的历史记录，现今在韩国、越南、瑞士仍有此习俗。在中国，江苏沛县的樊哙狗肉、贵州的花江狗肉、吉林延吉的补身汤、广东湛江的白切狗肉等都是当地名产。而香港几十年前就在立法上禁食狗肉，台湾地区于2001年立法禁止宰杀和售卖狗肉。

全州醋血鸭

白切猪手

下锅再煮至软烂，冷切摆盘，蘸成分复杂的佐料食之。

一道清清白白、绵绵软软的冷盘，正好可以一扫桂东南的酷暑给人带来的烦躁心情。以“乌石猪手”为主打品牌的白切系列，门店早已遍布广西各地，经营此道的，大多是陆川和周边地方的客家人。

北方人会有一个疑惑不解的地方：明明是猪脚，为什么叫猪手呢？他们想象不到，还有叫得更离谱的，桂北的兴安县赋予了猪头骨一个至高境界的称谓 “龙头壳”！这是一道美味的汤肴。

猪头去皮，猪骨连肉斩成大件，文火慢炖至酥烂，火锅上桌，配猪肝粉、肠、瘦肉生烫。

最好选择在米雪飘飘的隆冬时节，大圆桌边坐满急不可耐的食客，不必过多顾及礼数，高声喧哗、热火朝天的场面正是主家所希望看到的。一大锅滚烫的“龙头壳”，再加上度数略高的三花酒，这完全就是“家家扶得醉人归”的前奏。

“龙头壳”偶见于桂林和南宁的食肆，普及程度不是很高。掌厨的不用问，一定是兴安人。

无独有偶，友谊关附近的一个边陲小镇，叫夏石，当年著名的法卡山和猫耳洞就在镇域的范围内。小镇上不仅酒楼绝少，而且食客不多，但却出品一款去皮的猪头肉，不失为上佳美肴。

焖烂的猪头肉加豆酱，配芹菜、青蒜猛火翻炒。口感滑爽软糯，酱味十足，唇齿余香，绵绵不绝。

广西谁起得最早？答案是玉林人。除了勤劳以外，玉林人早起的另一个理由是牛杂必须在天亮之前食用。玉林人对于牛杂的喜爱，已经到了无以复加的程度。

牛杂是个很难处理的食材，处理得不好往往腥臊难当。在这方面，玉林人表现出了广西无人能及的高超技巧。百叶肚、黄喉、毛肚、光沿、牛血……牛肚子里一切可食用的材料，都在不见光的情况下被整合在一起。每天清晨，一盘内容众多、分量巨大的生炒牛杂，一大碗韭菜牛血汤，不仅勾牢了本地人的食魂，过往客人也无不为之垂涎三尺，流连忘返。玉林牛杂已

玉林牛杂

横县鱼生

经牢牢地把握了广西各地饕客们的美食欲望。

桂林是广西回民最多的城市，传统上制作以牛肉为原料的菜肴自然也不乏心得，其中一款“鬼马牛腱”当属近年自创作品之翘楚。

横截面布满不规则筋纹的腱子肉切成薄片，腌制挂芡待用；油条改刀寸段，用六成热油炸至焦黄酥脆。牛腱亦温油滑熟，控干余油后，与油条一同下锅快速翻炒，撒上小红米椒、青葱起锅。

牛腱滑嫩，油条香脆，鲜咸劲辣，把桂林菜的风格特征发挥得淋漓尽致。“鬼马牛腱”业已成为广西各地桂林菜馆食单上久经考验的经典菜品。

横县鱼生见刀功

“食不厌精，脍不厌细”，鱼肉做得最精致也最复杂的吃法，当然是横县鱼生。这道佳肴犹如一位“进得厨房，出得厅堂”的风韵美妇，无论品相和味道皆令食家为之倾倒。

鱼，必须是有鳞鱼，放血、除鳞、去皮、剔骨之后，真正体现刀功的时候到了：顾客盈门的店家会把鱼片片到薄如蝉翼的精细程度，然后摆入带有冰盒的盘中。多达十余种具有各种调味功能的植物叶子和块茎，亦切得细如发丝装盘。如果餐桌上只有煎大粽、头菜肉腩、瓜皮肉糜和鱼头豆腐汤，那么，这就是横县鱼生宴的“乞丐版”标配。

几片鱼生蘸上生抽生油，拌匀一整套丝状配料，物理意义上的调和就已经到位了。接下来缓缓送入口中，进行更为重要的生理调和。往往就在这个时候，席间会有人被剂量过大的芥末呛着，嘴里发出“喔喔”的呻吟，面上早已“老泪纵横”。

事实上，不只是南宁周边，广西鱼生拥趸的身影，甚至可以在千里之外的桂北觅到踪迹。住在大山里的龙胜人，对鱼生的烹食，传统上就有自己的独到见解。鱼片、伴料外观与横县大致相当，此为同工；将鱼、料置于大盆中，加入醋、酱、油捞匀食用，是乃异曲。

必须说明的是，横县和龙胜两县之间无论在人文还是地理上均差异巨大。同好鱼生，完全是因为爱好美食的缘故。

鱼露
海之佳酿

文 朱千华 图 刘小明 插画 文一

自从踏上京族三岛，我就总看到一个奇怪的现象，很多渔家门前，都写着“鱼露”二字。当时并不明白是什么意思，只觉得新奇，觉得这两个字美极了，美得如此诗意，让我想起江南“桃花流水鳜鱼肥”的诗句，想到早春时节，朝阳下晶莹的雨露。

后来才知道，鱼露是京族人独创的一种日常调味品。说得直白一点，就是鱼酱油，普通得不能再普通，但由于是土法加工，其味鲜美异常，又为京族三岛特有，故看似普通的鱼露，实则一瓶难求。因为正宗的京族鱼露，需要一定时间来酿制，不是什么时候都有的卖。

岭南的百越民族，京族人是后来者。他们的祖先在越南，大约从明代开始，到十九世纪末，陆续从越南移居到东兴市的京族三岛：沥尾岛、巫头岛、山心岛。京族三岛隶属于东兴江平镇管辖。他们从此定居，开始耕海牧渔的生活，创造出独特的京族海洋文化，特别在民间的饮食方面，无论是捕鱼、制作、烹饪、进食、储藏等，都有些非常新奇和另类的方式。

鱼露制作是其中一种，很多人非但没尝过，更未曾听说过。

我走遍京族三岛，发现京族人对于鱼露有他们自己的叫法——“年汁”。我一直不解其意。当地人告诉我，京族有本民族的语言，大抵与越南北部居民的语言相似。年汁是京族语，意为“鱼汁”。鱼汁和鱼露相比，当然鱼露更诗意。鱼露是外来语，京族人并不保守，对有益的有生命的外来文化，并不拒绝，欣然地接受了“鱼露”这个诗意的名字。不过他们同时保留着“年汁”这一叫法。

京族三岛的空气中弥漫着海腥味，这种味道，正来自那些渔民晾晒的鱼干。渔民赶海归来，有时会收获一些小鱼小虾，这就是做鱼露的主要材料，他们将其洗净，晾干备用。所以，很多人初来京族三岛，看到很多晾在竹匾里的白花花的小海鱼，开始并不习惯这种鱼腥味，但走着走着，就会觉得自己仿佛一条正在海里游的鱼，身边全是大小海鱼，不知不觉中，鱼腥味渐渐变成了来自厨房的袅袅炊烟，经久不散。

真正品尝到鱼露的滋味，是在一家农家乐。京族三岛的农家乐多以海味为主。但是，有一家很特别，反其道而行之，没有海鲜，甚至没有炒菜，更没有面条水饺，只有一碗饭。亘古至今，可谓绝无仅有。

如果你觉得如此经营饭店——只一碗米饭待客——理所当然门庭冷落的话，那就大错特错了。这家饭店非但高朋满座，门口站着、蹲着的食客更是不计其数。每人手里捧着一碗饭，三下五除二，吃得津津有味。其奥妙，就在于米饭里的拌料——鱼露。

这家饭店的名字就叫“鱼露拌饭”。大排档快餐，经济实惠，简单美味。这家饭店的老板娘有个独特的名字，叫阮三娘，酿得一手好鱼露，拌之以米饭，无须佐菜，就已鲜美无比，回味无穷。其鱼露概不外卖，客者苦求不应。若鱼露用完，则挂牌停业，等新的鱼露酿成，再开张，绝不因为生意红火而降低对鱼露的品质要求。

如此独特的经营方式，来自主人对自家鱼露的珍爱与自信，更多的是对于鱼露品质的那份坚持。

京族三岛酿鱼露的家庭很多，但各家都有独特的秘方与制法，鱼露的鲜美程度也就有了差异。何以阮三娘家的鱼露如此鲜美？我冒昧打听其中缘由。阮三娘告诉我，其实酿制的程序都差不多，重要的是要用心，随时观察海洋的潮汐、阴天雨天晴天的潮湿与冷热变化等等，这些都能影响鱼露的鲜味程度。

我听了一怔，没想到普通的鱼酱油还有如此的讲究。阮三娘说，鱼露的加工过程并不复杂，有点像内地腊月天腌咸鱼。但是，京族人不叫腌，而叫“酿”。这是不同工艺的两种方法。腌，要加入香料，要透气，要翻晒。酿鱼露就简单多了：置一缸于桌上，缸底部铺稻草，上面放入晾干的小鱼小虾，层间加盐，最后用石块压顶，密封缸口。此外，缸底要凿孔，方便酿好后流汁，酿时则用洞塞堵上。

为什么在底层要铺几层稻草？阮三娘说，主要起过滤作用，用其他材料易烂。酿制鱼露的时间长短，主要看缸内材料有多少。时间短的几周，长的需等上一年。鱼露酿好后，即可取汁，拔出缸底的洞塞，鱼露就流淌出来。

酿好的鱼露，色泽清澈，略显橙红，如玛瑙，有鲜香味。一百斤鱼，可酿三十斤左右的头汁，此为上品鱼露。然后还可往缸中注入盐开水，继续酿制过滤，分成二等、三等品级。

阮三娘告诉我，北方人餐桌上一般都摆放酱油、醋等调料，京族人摆放的就是鱼露。京族渔民视鱼露为仙味，常用来拌饭吃。若儿童食欲不振，则以鱼露拌粥拌饭吃，很快就能恢复食欲。

我看到阮三娘一直忙里忙外，十分精明能干，远胜男子。在岭南直至越南地区，女性是家庭的主要劳动力，吃苦耐劳，尤擅于庖厨。大部分岭南女性都会煲一手好汤，这与现代社会的一句俗语“留住男人的胃”颇为暗合。唐代文人房千里曾在岭南为官，写有《投荒录》，上面记载说，古时候的岭南人家，无论富贵贫贱，都不教女儿刺绣等女红，专门教她们庖厨料理。擅长烹饪的女子，是当地最受欢迎的佳人，男子争下聘礼求其婚嫁，女子父母亦引以为荣。

远离京族三岛的日子里，时常想起阮三娘家的大排档和她亲手制作的鱼露拌饭。如果有一个词可以用来形容鱼露的滋味，那么“飘”字最为贴切。吃完那鱼露拌饭，嘴里的鲜香之味如海风飘过，渐飘渐远，滋味却留在舌尖上，经久不散，成为京族三岛最鲜明的记忆。

风吹饼

这饼真薄

文 朱千华 图 刘小明 插画 文一

和米粉一样，风吹饼也是一种米制品。将大米磨成粉，放至平底锅上摊平，凝固成一片片圆形的粉膜之后，撒上芝麻粒，再覆一层粉膜。接着用竹片挑起，放至竹匾上晾晒。风吹饼的半成品就完成了。

那年夏天，应该是七月中旬，我在京族三岛的海边行走。当时天气很热，我看到很多村庄在椰林丛中时隐时现。走着走着，忽然间觉得如穿越时空一般，走进了春光明媚的烟雨江南，眼前出现一亩亩水塘，水塘里长满了一片片的莲叶。走近一看，原是竹匾上晾着许多薄饼，它们的形状很奇特，远看就像片片莲叶生长在海边。

这种新奇的体验让我一下子就记住了这种朴素的京族小食品。我向村民打听这种食品的名字，他们用京族话告诉我，叫“宾来”，我觉得有趣，不知道是不是来客人了，就要吃的意思。后来，我进入了江平镇的城北社区，看到有户村民一家都在制作“宾来”，觉得这是极好的探秘机会，因为我一直很想知道京族人的“宾来”是如何制作的。

主人姓陈，六十来岁。他告诉我，京族人以前叫此饼为“宾来”，直到20世纪60年代，才换了名字。老人说，这事说起来，还与中国著名诗人田汉有关系。

1962年春天，国歌的词作者、著名诗人田汉来到京族三岛访问，看到村民家家户户都在制作一种薄薄的米饼，觉得好奇，就问做饼的老乡，这是什么饼。村民回答“宾来”。田汉听不懂京族话，一时没弄明白。老乡拿出张饼请田汉品尝。田汉吃了一口，很酥很香，回味之时，忽来一阵风，把手上的米饼吹走了。田汉笑道：这饼好薄，风一吹就飘，不如就叫风吹饼吧。

老乡和陪同的人，都感叹田汉不愧是诗人，“风吹饼”三字，生动形象，通俗好记，从此，就一直在京族三岛沿用下来。

我在老陈家边聊天，边看他制作风吹饼。老陈说，风吹饼的制作原料是米浆，但通常不是糯米浆，而是普通的米磨成粉。也有人会在制作时往米粉中加入适量糯米，可以增加黏性。

制作风吹饼的第一步与北方做煎饼果子相似。先用烧饼大的平底勺，舀满米粉浆浇于烧热的平底锅上，以勺底摊平。那一层粉膜，状透明，薄如蝉翼。如果在粉膜上放些肉糜、豆角等馅料，再卷起来，即成另一种美味“卷筒粉”，因其形象像肥肠，亦称肠粉。在卷筒粉上淋上鱼子酱、柠檬汁，再加些许辣椒酱，鲜爽可口，一直是岭南人最常吃的美食。

还有人将粉膜切成面条大小的细丝，再烘干，即成“米粉丝”。拌上螺贝肉、蟹肉、沙虫干或虾仁等，可煮成“粉丝海味汤”，入口更加嫩滑可口，为待客之上品。

如果想做风吹饼，那就在粉膜上洒上芝麻，再浇一层米浆覆盖。待凝固后，不用铁铲，而是用一种竹片轻轻起锅，置入房前的竹匾上晾晒。这样，风吹饼的半成品就算做成了。尽管有两层粉膜，可看起来仍然薄如纸片。

只见老陈手持平底勺，那姿势就像书法家握着大号毛笔，一会儿画一个圈，一会儿写上两个括号。我觉得老陈做得轻描淡写，毫不费力，就忍不住跃跃欲试。没想到，我做的粉膜一团糟，不是摊厚了，就是铲破了。老陈告诉我，看似简单的风吹饼，需要掌握火候，急火慢火都不行，最好是文火，米浆凝固快，又不至烤煳，如何把握全凭经验。另外，把米浆摊成纸一样薄，也有技巧，全凭手上的灵活劲。

房前屋后的竹匾上，铺满了晾晒的风吹饼，远远望去，如莲叶起伏。半成品的风吹饼还不能食用。需等干爽时，另用小炉文火烘烤。用常用的炭火盆烧木炭，一手持风吹饼，一手拿竹扇。竹扇煽出来的风，把炉火的热量传到风吹饼上，同时不断转动面饼，受热的粉饼由原来的透明色，渐渐变成乳白色，饼面上也有膨胀，慢慢地，米粉香、芝麻香四处飘散。香喷喷的风吹饼这才大功告成。

烤好的风吹饼，非常像北方煎饼果子中间的“薄脆”。口感香脆，略带咸味，味道果然好。老陈说，原来的风吹饼，其实就是京族渔民的干粮。出海打鱼若几天回不来，唯一可以带的干粮就是风吹饼了。

“江南可采莲，莲叶何田田。”海边，京族渔家女挑着满筐的如同莲叶似的风吹饼叫卖。竹筐上半部分，是张开的喇叭形，中间细腰，下部直筒状。竹筐里装满了莲叶般的风吹饼。阳光洒在莲叶上，白花花一片，如同洁净的莲花盛开。

北回归线上的香与蜜 水果

文 冯翊明 潘大林 覃妮娜 插画 人五

北回归线穿过广西的梧州、平南、桂平、上林、平果、德保、那坡等市县，这些地方年平均气温为20~22℃，日平均气温和最冷月的平均气温都在10℃左右，年降水量超过1 500毫米。在这种亚热带、热带季风气候影响下，气候湿润，植被繁盛茂密，植物葱茏多样，是广西热带、亚热带水果的丰产地，也是辛香料植物的高产区。这条香料带上生长着八角、肉桂、茉莉、灵香草、山苍子、柠檬桉、湿地松等众多香料植物，广西产肉桂、桂皮、八角、茴油均超过世界产量的80%。

广西的水果种类多、品质好，杧果、荔枝、龙眼、甘蔗、马蹄都是广西的特色水果，随便拉一个广西的本地人，他会自豪地对你说出各路水果“金字塔尖”的明珠：田阳的杧果、灵山的荔枝、容县的沙田柚、平南的石硖龙眼、融安的滑皮金桔、乐业的红心猕猴桃、隆安的香蕉、恭城的月柿……丰富的水果带来的口腹之享，也成了众多外地人留恋广西甚至留在广西的理由。

北回归线是大自然赐予广西的香与蜜之福境，美味的荔枝就只生长在北回归线附近地区，人们在这片土地上安居乐业，以勤劳和智慧耕耘、收获、享受、感恩着大自然的馈赠。

摄影_吴越

甘蔗神仙姐姐

甘蔗原产于印度，在周代时中国已有种植，如今，我国的甘蔗主要生长在北纬24度以南的热带和亚热带地区。甘蔗茎粗，皮色有黑、紫、黄、青，状如竹子，笔直高大，与细弱纤纤的小草在外表上有很大差异，但它确实是禾本植物。宋代方岳作诗《李监饷四物各以一绝答之·甘蔗》：『笑人煮箦何时熟，生啖青青竹一排。』所啖其实是甘蔗而非竹子。竹子空心，无物可啖，甘蔗壮实的茎秆汁液饱满，清甜可口。

甘蔗生长在湿热的环境。在广西，种植甘蔗被视作“甜蜜的事业”，从广西中部往南，千万亩甘蔗在这片气候炎热、雨水丰沛的红土地上茂盛生长。广西的蔗糖产量占全国总量60%以上，超过40%的广西农民涉足甘蔗种植。甘蔗可以生产糖和糖蜜酒精，酒精废液经过转化后是极佳的肥料，榨过糖的蔗渣可用于造纸，叶子可喂牲畜。甘蔗还可以酿酒，古巴的朗姆酒就是最有名的甘蔗酒。其貌不扬的甘蔗全身都是宝。

南方的正月，春气浩荡，莺飞草长，花木色鲜，这个时节是甘蔗的最佳种植期。甘蔗的生长从春到冬，经历了二十四节气中的十六个。春分开种，立冬收获。炽阳浓烈之时，清凉蜜甜的甘蔗可令暑气顿消；而寒风料峭之际，煮起一锅甘蔗马蹄，围炉夜话，又是另一番良辰美景。汁水丰盈、甘美清甜的甘蔗如同最好的友谊，合于一年之中所有的时节和心情。

甘蔗于我最温馨的记忆，是小时候午休初起，母亲将甘蔗去节眼后剖成细细四根，一边递给我，一边用手揉摸我的额头，说：“吃根蔗醒醒眼，该上学了。”啜吸着甘蔗的蜜汁，上学的路温馨而甜蜜。

同学对甘蔗的美好记忆源于小时候菜地边。乡里人喜欢在菜地边种上几丛甘蔗打发小孩子的馋虫，在水果和零食都稀少的年代，甘蔗是很好的替代品。每次大人让她到地里摘菜，她一多半心思是奔着甘蔗去的，随手扯几蔸青菜，然后便把精力放到甘蔗上。折一根，在菜地边上用水洗洗，一路撕扯着厚硬的蔗皮，啃着回家。

大学时班里一位腼腆的女同学，从来习惯小心翼翼隐藏自己的情感，偏偏爱上了一个更小心翼翼的男生。秋天的一个夜晚，女孩鼓足勇气把男生叫出来陪她到街上买甘蔗，两人一路啃着甘蔗走了4个小时回来，她后来说，很有那种一直走到地老天荒的感觉。

甘蔗分果蔗和糖蔗。糖蔗又叫竹蔗，茎小，颜色青黄，质地坚硬，含糖量高，用于榨糖。果蔗则比较松脆，皮色紫黑，汁水丰盈。汪曾祺先生有个小说，写卖水果的叶三立春前后卖“棒打萝卜”，萝卜水分足，摔在地上就裂开了。比起萝卜，甘蔗要摔裂是有难度的，但产自中越边界的靖西县湖润镇的黄皮果蔗，皮薄清甜，汁多松脆，掉到地上就断裂成数截，是最好吃的果蔗。

甘蔗带皮啃是豪放派吃法，榨汁则是婉约派。琼瑶在《彩霞满天》里写男主人公乔书培去挽回女主人公殷采芹的爱情，用的是什么？一杯甘蔗汁。

“我在医院门口买到一杯甘蔗汁。”他低声说，“你知道甘蔗汁涨价了吗？要六块钱一杯了。我找了半天，只找到三块钱，我说——我买半杯吧！他居然给了我一满杯……”他的声音哽住了。“你瞧，这还是一个有人情味的世界，是不是？”

你完全无法想象用一杯咖啡来代替这杯甘蔗汁的场景。甘蔗汁不洋气，不像咖啡那么婉转和精致，它甚至带着乡土味儿，带着禾本植物特有的清香所透露出的诚意，刚好配得上烦冗的世俗生活，足以抚慰琐碎而平实的人生里，动辄做错的委屈。

在广西人的生活里，甘蔗不只是水果，还是食材。张爱玲说人生三恨是海棠不香，鲥鱼多刺，《红楼梦》未完。美食家蔡澜则抱怨羊肉不膻，女人不骚，都是缺点。可是口味偏清淡的南方人大多承受不起羊肉的浓郁味道，甘蔗便成了羊肉的绝配，湮灭羊肉的膻气，加添汤水的清甜，成就众人期盼的一锅浓郁滋补的羊肉汤。

中国人讲究药食同源。甘蔗里含有人体必需的铁、钙、磷、锰、锌等多种微量元素，尤其是铁的含量特别多，被称作“补血果”。李时珍的《本草纲目》中说，蔗，是脾之果。其浆甘寒，能泻火热。煎炼成糖，则甘温而除湿热。甘蔗生吃可治消化不良，熟吃可以清热解毒。王维还有过“饮食不须愁内热，大官还有蔗浆寒”的诗句。在南方，茅根、甘蔗、马蹄同煮，是一道大家都喜欢的清凉饮品。

甘蔗的栽培费时费力。在八山一水一分田的广西，甘蔗大多种植在坡地上，很难实现像澳大利亚或巴西等国家那样的机械化收割，大多数都只能靠人工。收割甘蔗是一件非常辛苦的事情，南方“秋老虎”的燠热天气下，蔗农也必须全副武装，严阵以待，否则就会被甘蔗的叶子弄得满身是伤。

甘蔗坚硬的外质很容易被人看作铁骨男子，然而经过榨糖机炼压下完成了华丽转身的甘蔗，我倒觉得她更像一位经历岁月磨难而变得智慧的女人。

在她还是一根甘蔗的时候，她曾经凌厉过，柔软的叶子长满锯齿，每一个靠近的人都被划割得遍体鳞伤；她曾因平凡的外表而被忽视，为了吸引别人的注意，她不惜让叶子布满毛毛，每一个触碰到她的人浑身刺痒难当；她像一个任性的女子，以令人痛恨的方式让别人记住自己。她于是被送去接受生活的淬炼，化作一粒粒结晶。终于如同涅槃的凤凰，历经苦难后变得从容和包容。只有从那杯蔗汁里散发出的青草气息，你才会想起她曾经有过的那些任性的时光。

她不再和生活较劲，只成全不争夺，于是，和她的每一次遇见都幻化成了一种美好。

摄影_梁良

田东桂七杧果 当家大花旦

杧果又称檬果、蜜望、庵波罗果，《本草纲目》有载，杧果为『果中极品，种出西域』。早在公元前两千年，印度已有种植杧果的记录。百色市地处右江河谷，这里是广西杧果的主产区，境内的杧果品种多达200多个。田东、田阳两县状如蝴蝶，深入右江河谷腹地，北回归线穿两县而过，这里便是有名的『中国杧果之乡』。

世人都说荔枝味美，我倒觉得杧果实乃水果中可惊为天人之物。杧果犹如最甜蜜的情话，轻而易举便能俘获女子的芳心。

嗯，让我想一想。你可有过这样的时刻——有一种情绪让你的心房发胀，你的脑袋有点晕乎，你似乎有满腔的话想要表达，又不知从何说起，于是你感觉想要歌唱，而旋律已然涌上你的喉间——哦，对，那就是快乐的感觉。而这种感觉，你可以经由杧果轻易获得。

在百色，杧果浩荡的花事是从上一年的冬天开始的。说浩荡，一是花多，红锈色米粒般大小的花朵密密匝匝，如塔如松，布满枝头，何止万千；二是花期长，从上一年的11月开始，一直持续到第二年的4月。

《植物名实图考》说杧果的得名是因为“此果花多实少，方语谓诳为杧，言少实也，犹此地谓瓜花三不结实者曰谎花耳”。

杧果花多，但由于气候、授粉等原因，大部分无法结实，每株杧果树一般结果五六十斤，护理得当，再加上天时，方可近百斤。出于杧果味美的缘故，所以我想《植物名实图考》的说法实在是带了点因爱生憾的薄嗔。

在百色，上市最早的是公杧，公杧并非某个特定品种，而是杧果因授粉不足形成的无胚果。鸡蛋大小的个头，皮薄如纸，果肉香甜，两三口便能解决一个。这样的杧果吃不撑人，越吃越上瘾，直到两手染成金黄，满手带香。美食家蔡澜说有一次他独自“消灭”一箩，到最后流出的都是黄色的汗。

田阳香杧五六月之交上市，母本是菲律宾的吕宋杧，在这片微酸性的红壤土质里经过上百年的进化后，口感更为出色：肉质细腻，皮薄多汁，味香蜜甜。但正如一枚硬币总有两面，它的优点同时也成为其弱点：花期过早，偏低的气温造成挂果率低；表皮过薄，不耐运输储存；收果时间必须精准，九成熟恰好，但不易储藏，收早了，果味不甜反酸。果农于是选择了与它品质相当但适应性更强的“台农”。这与人类世界多么类似？过于敏感和纤弱，在竞争的社会中难免会被推向边缘。但“台农”也是有性格的，其蒂部分泌的浆液会使你的嘴唇过敏起泡，食用时须小心避让。

金煌杧是杧果中的巨无霸，大如青木瓜，重逾千克，须得几人分食。果肉肥厚，水分多，甜味足，但输在香气不浓郁。因为水分过足，并不适合做菜，用来做甜品倒是恰好，不论果汁或奶昔，都比其他品种省时省事。入肴的杧果以红象牙为佳，酸甜可口，且耐煮。

牛肉切薄片略腌，红象牙去皮去核切小块，热锅炒熟牛肉并加蚝油焖煮，加入杧果，能使牛肉更加鲜嫩多汁，最后加入洋葱、青红椒，一道越南风味的杧果炒牛柳便可起锅装盘。

在田东县种植的43个杧果品种中，最有名的当数桂七。如果把杧果比作女子，桂七当是其中身材最佳者。桂七呈S型，果皮青绿，成熟后青中泛黄。果肉入口，你会有惊为天人之感。这位“神仙姐姐”仪容端庄，一切都刚刚好：果实不丝不瓤，细滑中带点微微的爽脆；水分丰盈，但不会吃到汁水淌满手臂；汁液蜜甜，但不过分，不腻喉；香味扑鼻不俗艳，是令人舒服的清香。桂七是田东县特有的品种，它的生长与土壤、气候、阳光关系密切，与田东相邻的平果县属石灰岩地区，结出的桂七味道却大相径庭。这是杧果世界里“南橘北枳”的再现。

四季绿杧，顾名思义，花开一年四季，为保产量，果农只收一造，在国庆节后上市。至此，一年的杧果盛宴便悄悄谢幕。

“酸”这个形容词在广西的语言体系中，已经变性成为名词，指的是经醋腌泡后的蔬果。在广西的街头巷尾，酸嘢摊随处各见。

南方水果种类丰富，青杧果、菠萝、番石榴、木瓜、李子、黄瓜、莴笋……吃法也多种多样。台湾人喜欢切块后拌上酸梅粉，广西人则将各种水果切块，薄盐薄醋略腌，杀出些许水分，各取所需，随君所好。又或者撒上辣椒粉，在水果的爽脆和清香微甜之间，辣椒粉横冲直撞，更像一位外表甜美的野蛮女友，让人爱恨交加，欲罢不能。

浓郁的香气、柔滑的口感、甜蜜多汁的果肉，杧果身上拥有的优点，足以使它成为甜食店的当家花旦。

如何挑选到一只完美的杧果？

传统的中医诊疾手法——望闻问切，同样适用。

望：蒂头部分展开是杧果成熟的表征；皮色黄橙均匀，表皮光滑无黑点者为佳；果形饱满，说明果肉实多籽小；同样大小的杧果中，相对较重者肉质细密、水分较多。

闻：成熟的杧果会散发出一种美好的香味，香味越浓，越香甜。

问：就是和果农聊天啦，你可以在买到完美杧果的同时，学到与杧果相关的各种知识，包赚不赔哦。

切：轻轻按压果肉，微软有弹性者佳。

容县沙田柚 难得尤物

『十二兄弟团团坐，一层纱衣一层棉。外披一领黄金甲，手足情深赛蜜甜。』这个谜语指向的沙田柚果形硕大，颜色金黄，果味甜蜜，有一份淡淡的馨香。广东梅州、广西桂林等地，都盛产柚子，论产量要比容县大得多，论果形也许比容县的还美观，但如果论味道，其他地方就要甘拜下风了。

容县人引以为傲的四件宝也称为四名，有名山都峤山，是道教第二十二洞天，苏东坡、徐霞客等骚人墨客曾先后驻足，留下了赞美的文字；名楼真武阁，明代建筑，承载三楼重量的二楼四根金柱不着地，承重被巧妙的杠杆结构分担了，被誉为天南杰构；名人有唐代的贵妃杨玉环、民国的9位上将、18位中将和129位少将；名果就是沙田柚，被誉为“天然罐头”、“果中珍品”。

在容县，有的人为了将柚子卖出好价钱，就打起沙田柚的旗号来。外地人如果到容县，看到公路边到处摆着柚子，金光灿灿的，果形很是引人注目，忍不住买回家去，吃了才觉得不过尔尔。其实那绝对是冒牌货，玷污了沙田柚的美名。

柚子到处都有，270多年前，容县的沙田柚也许跟其他地方的柚子没什么两样，当时沙田柚还不叫沙田柚，而叫羊额子，是一位当地人改变了它的品质和命运。据说在乾隆年间，容县县北十数公里处的沙田村，有一位叫夏纪纲的人，他先是到外地当官，后来辞官返乡，就潜心研究羊额子的栽培，一种说法是将一头死牛埋到树根下，更大的可能是通过嫁接技术，或许二者兼施，使羊额子的色香味都发生了巨大的变化，产出来的柚子像一只葫芦，曲线玲珑，味道清甜，还带着一股蜜香，名声一下传播开来。后来乾隆皇帝下江南，夏纪纲专门把柚子进贡给皇上。乾隆皇帝从来没吃过这种果子，觉得甜美异常，大为惊喜，忙问是什么果，下人就回说叫羊额子，因为它长得跟羊的额头相仿，是退休官员夏纪纲从容县沙田村邮来的。乾隆皇帝笑道，好好好，夏爱卿这么有心，难得了！只可惜这么好的果子，却叫了个不太好听的名字。夏爱卿千里邮果，邮果有由，又来自沙田村，我看就叫沙田柚好了。皇帝开了金口，沙田柚的名字就流传开来。

沙田柚天生一副富贵相，外面一层金灿灿的外皮，里面一层棉絮状的内皮，约有一厘米厚。再到里面，是一层半透明的内皮包裹着的果肉，一瓣瓣像梳子一样，围着中心抱作一团。小时候听人说，一般年份每只沙田柚有十二瓣果肉，如果是闰年十三个月，则有十三瓣，长大了才知道那实际是讹传，具体数字实在是要剥开果子才知道的。

其实，柚子全身都是宝，果肉有丰

富的果糖、蛋白质、有机酸和钙、磷、镁、钠、铁等人体必需的微量元素，还有天然维生素C、维生素B、维生素P和胡萝卜素等多种营养成分。据广西植物研究所分析，沙田柚每百克果汁含维生素C是苹果的十多倍，果肉含糖量12%以上，甜而不腻。它所含的维生素P能强化皮肤毛细孔，加速复原受伤的皮肤组织。对于爱美的女性而言，柚子无疑是最天然的美容补品。

柚子白色的像棉絮似的那层内皮，是做果脯或者菜肴的好材料，先将内皮切好，用沸水略为浸泡，去掉苦涩味，再做成柚皮糖，或者做成柚皮酿，有着一种独特的甘香味，令人食之难忘。至于那层金黄的外皮，据说还是黑发亮发的好材料，人们拿来煮水洗头，别具独特功效。

如果你是三四月间到容县，吃不到上年留下的柚子，也别遗憾，不妨到柚山转转，那漫山遍野的柚花，开得蓬蓬勃勃，芬芳馥郁，热烈抢眼之中，弥漫着醉人的馨香。一簇簇指头大的雪白的花朵间，总有勤劳的蜜蜂在采蜜，从果农处买回一两斤柚花蜜，也不失为对遗憾的一种极好的补偿。

乐业猕猴桃 甜心王子

猕猴桃别名藤梨、毛木果、马屎陀、阳桃等等，是落叶木质藤本。全球有猕猴桃54种，52种原产于中国，分布在中国各地，不过其中只有一部分品种能作为食用水果。

七十年代以前出生的朋友们，大多数都有在山野中采摘野果的经历，因为那时候城市和乡村距离没那么远，小片的荒野和父母疏松的管理，也让野果可以自由地亲近我们的味蕾。

广西到处是山，山野间的果实四季风味不同。乐业县位于云贵高原边缘，境内平均海拔1 128米，年平均气温16℃，气候和土壤都非常适合猕猴桃的生长，境内有很多野生中华猕猴桃树。于是我缠着朋友，要他带我去摘野生猕猴桃。朋友说："乐业的猕猴桃采摘季节是八到九月，现在才三月，只有花呀！你刚才吃的是去年收的果哦！"

途中，朋友突然停车，指着路边山谷里的一片藤架说："看，猕猴桃。"我第一次看见猕猴桃树，说它是树有点勉强，因为它的枝条看起来更像葡萄藤，果实也全部挂在藤架上。

果树的主人正在给他家的猕猴桃打花。打花的目的是摘掉过多的花朵，让果树集中养分蓄养留下的果实。男主人说他们家种的是最负盛名的红心猕猴桃，其糖分能达到18%，是猕猴桃家族的甜度冠军。

乐业低纬度、高海拔，春天来得早。乐业的红心猕猴桃3月就开花了，收获季节也比中原地区的猕猴桃产区提前了1个月。在整个生长期内，当地的昼夜温差都在10℃以上，所以这里的猕猴桃果味香甜浓郁，果心还特别小。

说到“果心”，猕猴桃果实中间那条浅黄色的肉质纤维就是它的“果心”，只不过它和别的果实不一样，“心”也可以吃。猕猴桃的种子不在果心里，而是长在果心到果肉之间的地方。种子和广西另一种特色水果——火龙果很像，好像小粒的芝麻。

我们和主人聊了一会，学着摘了几朵花。主人说，摘下来的花可以制成花茶。天气更暖时，叶子长多了，也可以摘下来喂猪。我第一次听说果树的叶子还能喂猪！没想到这个根茎能入药的猕猴桃，全身上下都是宝呀！

在县城中心的街上，朋友带我找到一家卖猕猴桃的店。如果你要送人或走远路，购买猕猴桃果脯更安全方便。但要吃猕猴桃，还是鲜果实在。猕猴桃20颗左右一盒，按大小不同，从80元、120元到160元不等。看我们想买，老板娘切开一个红心的、一个黄心的猕猴桃让我们品尝挑选。黄心猕猴桃果肉青绿色，中间有一条浅黄的纤维质，样子看起来和我们在超市里见到的差不多，但味道好很多，也很甜。

再看看红心猕猴桃，果肉碧绿，中间果心的纤维质是红色的，因此切面上像是有一个红光四射的太阳，特别奇异。现场对比着吃，红心猕猴桃确实比黄心猕猴桃更甜一些。

从外表上看，黄心猕猴桃个体比红心猕猴桃要大，果皮上的棕色绒毛也多，看起来更象猕猴的皮。红心猕猴桃个体较小，表皮也是和果肉一样的碧绿色，较光滑，基本无毛。不识货的人往往会选择外表漂亮、大个的黄心猕猴桃，事实上，不起眼的红心猕猴桃才是最好的。

老板娘说：“一颗猕猴桃的维生素C含量相当于一个人一日维生素C需求量的两倍，因而被誉为‘维C之王’。但只有用正确的方法，吃对猕猴桃，才能物尽其用。”

猕猴桃一定要完全成熟后再吃，不仅是因为味道的原因，生猕猴桃含有一种不利于人体健康的物质。通常在水果店里选购猕猴桃时，我们拿到局部或整体变软的猕猴桃时，会担心存放过久已变质不新鲜，但买了还较硬的新鲜猕猴桃后，又常常放至果肉变色，其实也不好吃。

老板娘教给我们两个窍门。如果希望家里的新鲜猕猴桃快些成熟，第一种方法是，将一些已成熟的水果，如香蕉、苹果等，与猕猴桃放在一起。这些成熟水果中会释放一种物质——乙烯，能促进水果的成熟，从而使生硬的猕猴桃变软变甜。第二种方法，用一根牙签，在猕猴桃根部（连接藤蔓的那边）扎几下，它也能很快成熟。

猕猴桃对抗癌、抗衰老有很好的效果，对眼角膜也有很好的恢复作用。不过，吃了猕猴桃后，不要马上喝牛奶或其他乳制品。猕猴桃性寒，也不宜多食，脾胃虚寒者应慎食，腹泻者、先兆性流产、月经过多和尿频者都应忌食。

老板娘的热心介绍还真让我们长见识呢！结账的时候，老板娘一边数钱一边说：“等八九月来！新摘的猕猴桃更好吃！”

融安金橘
刁蛮公主

苏东坡说：『一年好景君须记，最是橙黄橘绿时。』作为芸香科植物家族中的一员，每年九十月间橙子上市之时，正是金橘挂青之际。到了十一月，金橘成熟，圆小讨喜的长相，亮如黄金的色泽，很快便成为新宠。秋天是中医里所说的养肺之季，而此时收获的金橘恰好有理气清肺之功，怎么看，都像是植物界和节令的一次善意合谋。

在广西，金橘并不是稀罕的水果，全境可种，品质却大不相同。桂中一带往北，金橘的品质更出众些，尤以柳州的融安和桂林的阳朔为最。12月，南方的雨季慢慢拉开大幕。在这个时候到阳朔旅游，一大乐事是可以欣赏到云锁群峰、雾笼江天的漓江烟雨，另一桩则是金橘节令到了，你可以在等游船时买上一袋阳朔金橘，对着远山近黛江水汤汤，边吃果边赏景。

若在金橘时节到融安的大将乡富乐村，可以看到一路上修竹白茅红壤绿树，富乐隐在山谷之中，几十户人家，房子依山而建，房前小河清可见底。果农给金橘树蒙上薄膜，以防橘果沾雨雾后易烂，远看好像山坡上长出了一颗颗费列罗雪莎。掀开薄膜，便露出满树灯笼一样的金橘果，颜色金红，果形圆润，一如皮日休所赞“不为韩嫣金丸重，直是周王玉果圆”。

南中国的冬，草木不凋，可一旦久成淫雨，连月不开，天空便被湿重的水气浸成了铅灰，这色泽金黄的金橘，是这个铅灰暗绿的冬日心头的一点红，有它，便添了亮色。

若要我说呢，这融安的滑皮金橘，比起阳朔金橘，品质更胜一筹。

滑皮金橘得名于其橘皮质地光滑细腻，看不到任何孔隙，像婴儿的皮肤。咬一口，“扑”一声，清甜的汁液破壁而出，毫无令人生畏的酸涩和不可思议的麻辣滋味。这样清甜完美的金橘，令我猝不及防。我实在想象不出，一颗金橘还能完美到这样的地步。

在我小时候的印象中，金橘代表的是吃药的味道。

以前的金橘，果肉酸得难以下咽。橘皮的汁水丰富，虽带点甜，但更多的是苦和辣，舌尖和嘴唇变得麻木。吃到肚里是火辣辣的感觉，稍多吃几个，浊气上涌，直冲脑门，鼻管酸胀，眼泪直冒，脑袋发麻，整个人就好像即将发射的“神七”。如果你体会不出，可以想想猝不及防吃入芥末的感觉。这样的金橘可不该是小孩子的水果，正如同苦瓜也不是小孩子的菜。

不过，天底下的妈妈仿佛永远知道该给自己的孩子吃什么。金橘里含金橘黄酮，对一些细菌尤其是金黄色葡萄球菌有抵制作用，因此民间认为吃金橘可以化痰止咳，消积，防感冒，每一个都是让妈妈们欢欣鼓舞的理由。可是，妈妈们，你们可是全忘记了自己的童年？那辛、酸、苦、麻，如同人生的况味，都是只有经历过生活艰苦、情感波折、人事磨砺才会体味到的滋味呀，哪里会让未谙世事的孩子们喜欢上呢？他们那么年轻，享受着那样既生动又苍白的娇嫩时光，哪里承受得起这般五味杂陈？

南方的水果中，带酸味的不少。人们总能找出各种方法来化解和对抗。对付酸橙、酸柑可以加糖，又或者加点盐和辣椒粉；土杨桃酸中带涩，用酱油加糖和辣椒料理后，保证让你肚子胀饱，嘴巴却舍不得停下。唯有这可恨的金橘，个性得要死，盐糖醋酱都拿它毫无办法，唯有将其烹煮炖熬，于是有了金橘饼和咸金橘。

对金橘避之唯恐不及的我，对金橘饼和咸金橘却来者不拒。

金橘饼是经水烫后加糖熬制，压扁成饼状后再烘干，咸金橘则是金橘加甘草和盐腌制而成，两者都同样可以化痰止咳，不过经年的咸金橘效果更佳。

这两种凉果都可以自家做，但杂货铺里卖的似乎更好吃，大概是因为还加了其他配料。放在杂货店木架玻璃柜上大玻璃罐里的吃食，总是对儿时的我们发出热情的邀约。每次来到柜台前，把钱递给卖货的阿姨，眼睛里发出的热望，此生大概也只有与恋人对视可比。玻璃罐里的零食对孩子充满了极大的诱惑：瓜子、话梅、橄榄、橘饼、咸金橘、水果糖。水果糖一分钱一颗，一角钱可得两个小橘饼，或者三颗咸金橘。用铁皮方头小铲铲起装在裁纸做成的三角包里，如果阳光正好透入，可看见灰尘在光柱中慢慢起舞，散发出温馨而绵长的气息。

橘饼拿在手上，啜啜啃啃能吃上好半天；咸金橘用来泡水，加入白糖，甜咸交错，相得益彰，越喝越上瘾。橘皮的苦辣、果肉的酸涩早已被时间和糖分盐分揉搓殆尽，只剩下金橘的芳香和耐得咀嚼与回味的甘咸。

我问果农，做不做橘饼和咸金橘？果农笑了，这么甜的金橘，别人都早早订了，卖都不够啊！

是啊，如今的金橘，无须用糖熬煮，已然足够清甜。这样出色的金橘，是小时候的我绝对想不到的。现代的农业科技技术，终于将一颗个性张扬的金橘从刁蛮公主变成了温良恭俭的窈窕淑女。

巴马火麻

活到九十八

文 包晓泉 插画 人五

在《辞海》里，火麻大致是这样解释的：桑科，一年生草本，皮粗糙，有沟纹，茎部树皮纤维长而坚韧，可以制成麻绳和麻布，火麻仁含油，入药则性平味甘、润燥通肠。巴马人说，火麻树早就被种在这片山野里了，至于最早的时候是几世几代，已经全然不可考。

当地传说，因为它是刀耕火种长出来的，果实又有麻点，所以，人们把它叫作火麻。

火麻主要分布在中国、印度、北美、南美、东欧等诸多国家和地区；在中国，无论南北方，云桂也好，陕甘也罢，也都有不少地方可以看到火麻花开。唯独巴马火麻，因为其特定的种植环境以及众多百岁老人的食用故事，而名声远播。2012年年底的有关统计数字显示，仅有二十多万人口的巴马县，百岁老人的数量居然超过八十位。在盘阳河沿岸任何一个村庄，你随时都可能遇到某位在农事中忙碌的白发苍苍的老人，那，也可能就是一位百岁老人。在几乎所有巴马百岁老人的食谱里，都会出现火麻。

到巴马，火麻树随处可见，二月种下，八月开花，十月果熟，一蓬蓬火麻籽小小的，绿绿的，带着棕黑色麻纹，在地里头长成了一幅特别的乡情画。这里河湾断续，奇水回环，峰形纤秀，村屯错落，天光云影映桃源，一年中的绿意，仿佛从来没有消退过半分。田园之上，牛慢慢地走，人也慢慢地走，片片稻谷在绿背景里黄得特别耀眼，随时可见的行走在阡陌上的长寿老人，更在山水间酿造出一份乡居的悠闲。

火麻树大约两三米高，树形像一把伞，树叶似爪，上面长着细细的绒毛。火麻树是有性别的——有公树，也有母树，公树开花不结籽，树皮比母树更有韧性，主要作为麻制品的原料；母树结籽不见花，结的是可以吃的火麻籽。火麻籽的样子类似胡椒，外壳麻点斑斑，舂碎滤渣，就可以得到含有油性的火麻浆了。

火麻汁很香，但，巴马人爱吃火麻，最原始的动因却不是因为它香，而是因为土地贫瘠而生活清苦，缺少足够的食用油和食盐，在薪火相传的生命延续过程中千方百计寻找相似的替代品。用火麻仁磨浆后得到的火麻汁调配食物，无论煮粥、做菜还是熬汤，都可以不再放油，而且耗盐不多。也就是说，火麻最早是被当作食用油而进入千家万户的锅里。火麻树极其容易成活，无须施肥，不用剪枝，一把火麻籽撒下去，不管地肥地瘦，呼啦啦就长成了一片林子。当地人说，这树命大得很，落下来的叶子还能肥地，栽一季火麻，那块地就像施了几年的肥。但火麻毕竟不是主粮，一般情况下，火麻都和玉米之类的农作物一起间种，产量有限。

火麻香香，其味绵长。在巴马，人活百岁不稀奇，但如果没有吃过火麻煮的菜，那就真的稀奇了。巴马人常常会微笑着告诉围坐餐桌旁的客人：“天天吃火麻，活到九十八。”

火麻汤是一种看似最简单的做法，煮的时候，火麻浆不能一次倒光，而要边煮边倒，边倒边搅，等到汤慢慢浓稠时，再将芥菜或者苦脉菜放进去，撒点盐，上桌。之所以说这种做法看似简单，是因为里面别有讲究——首先，火麻仁和水，要以一比三的比例混合，用小磨细细磨成火麻浆，然后把火麻浆倒在纱布上过滤成更纯的浆汁。煮汤时，先把过滤后的火麻浆倒进汤锅里，煮开，最后放入青菜。需要注意的是，青菜入锅后千万不要搅拌，尽可能让火麻浆熬出的稀糊粘在菜叶上，以免火麻糊沉淀在锅底，糊菜两分，面清底稠。正确的做法，是用菜勺慢慢地把青菜压进火麻浆中，适当收火，煮三分钟左右就出锅。

在巴马农家的锅里面，最常见的是一种粥——火麻玉米粥。巴马人平时会先把火麻籽用容器舂碎，晾干留着。要煮粥了，女人们便拿出一些，搁到水瓢或者小竹箩里面，用水细细调开，以纱布过滤掉壳渣。这时，火麻浆变成了乳白色。铁锅里，火麻浆是和加工好的玉米一起煮的，边煮边搅，火旺粥滚后，就是一锅黄澄澄的火麻玉米粥。在个别地方，还有人往里面加各种蔬菜配料，像芥菜、豆角、番茄、南瓜苗、雷公根之类，最后入盐，一锅热腾腾香喷喷的特色粥品就活色鲜香地出现在眼前了，茄红，菜绿，粥黄，喝一口，就有几天的念想。

现在，更多的火麻菜品走上了百姓餐桌，火麻炖鸡、火麻菌汤、火麻蒸蛋、火麻焖排骨，想想都可以让人食指大动。而在现代科技的介入下，巴马火麻也出现了一系列的延伸产品，如火麻油、火麻茶、火麻奶、火麻化妆品、火麻洗浴品等，万千宠爱在一身。

其中缘由，在于火麻不只香，营养成分尤其丰富。据国际自然医学会调查，火麻汁含有高比例的蛋白质、卵磷脂、油酸、亚麻酸、亚纳酸和不饱和脂肪酸等成分，是目前常见食用植物油中不饱和脂肪酸含量最高者之一，也是唯一能溶解于水的油料。火麻蛋白中有近三分之二是火麻特有的麻仁球蛋白，类似人体蛋白，容易被人体吸收；另有三分之一是白蛋白，与蛋清蛋白相似。而巴马火麻内的有害物质含量，几乎等于零。因此，对更多的人而言，火麻所具有的巨大磁力实在难以抗拒。

盘阳河两岸，长寿老人们默默拉长着平凡岁月，在看似平静的日子里点点滴滴积蓄着只属于他们的生命内容；火麻树，在巴马的长寿传说里随风摇曳。

横县茉莉 岁月静好

文 冯翊明 插画 人五

开春了，又到了京城无处不飞花的季节。花市里，桃花、海棠、栀子、茶花灿灿开放，茉莉的踪影却遍寻不获。每一家店主听说寻找茉莉，都会指往一株开着蓝紫、粉紫、浅粉花朵的植物。这其实是一种名为“鸳鸯茉莉”的茄科小灌木，因为一天中颜色数变，在英文里的花名之意遂为“昨天、今天和明天”，听起来很有意境，但在我的心里，这个花色多样、花形单薄、毫无香气的植物根本不能叫作“茉莉”。我的茉莉圆小素白，馨香馥郁。

没有乡愁的人，很难理解这样的情绪。正如这个三月的午后，万花竞放，而那遍寻不到的茉莉，就是我的乡愁。

茉莉是木樨科素馨属植物，原产地是印度和巴基斯坦，引种到中国已有1 700多年的历史。在广西，茉莉并不是稀罕之物，正如诗人所写，“树树奇南结，家家茉莉开”。茉莉有200多个品种，广西境内种植的多是双瓣茉莉。洁白的花蕾细巧饱满，盛开时，香气浓郁，是家家户户喜爱的芳香盆栽。长情的人喜欢种茉莉，说茉莉是“莫离”。有做生意讲究口彩的，便不大乐意，嫌茉莉谐了“没利”的音。更多的人家种茉莉只是因为它花朵香，花期长，而且好打理，不需费太多工夫。

茉莉花素净，没有纤扬欲飞之态，不只颜色，连花瓣都中规中矩。花香却惊人，与素淡内敛的长相完全不搭，像一个长相斯文却个性浓烈的女子。南宋姜夔闻过茉莉的香气后便发誓：他年我若修花史，列作人间第一香。

确实，茉莉花香之浓郁，鲜有花能敌。茉莉花的香气成分在各种花香中最为丰富，细分之下有动物香、清香、药香、果香多种香型。用于提取茉莉油，价比黄金，或者作为芳香剂加入各种日用品中。

广西气候相宜，植物种类繁多，山野、田间、路边、阳台，或野生或植栽，随手撷取，或入肴或做药，花木早已深深地融入到人们的日常生活之中。寻常人家种花，既是赏，也是用。比如桂花，可以加蜜做桂花糖，冲饮或做馅料都相宜；金银花，初开莹白，傍晚转金，采了晒干，用来泡茶清火明目；昙花一现，惊世之美，谢幕的花朵又成了煲汤的好食材。窨茶是茉莉花最直接而简单的利用，以茉莉花为花坯，利用花朵吐香和茶叶吸香的特性，通过茉莉花和茶叶不同的配比，将茶叶和茉莉花混合在一起，在一呼一吸之间，茶味花香氤氲交融。这样做成的香片，是深得北方人喜爱的茶饮。可是因为广西人不喜欢喝香片，所以茉莉在广西，更多的只剩下了观赏的价值。

虽然广西人没有喝茉莉花茶的习惯，但在南宁市横县，却有着全世界最大的茉莉花种植基地，清诗“山塘日日花成市，园客家家雪满田”竟像是专为横县而作。

茉莉在横县民间一直都有种植，但并未成为产业。明代的横州州判王济就曾记载，“（横县）茉莉花甚广，有以之编篱者”，普通人家只是习惯用来做自家的篱笆而已，也是取其香。横县茉莉的真正扬名是在20世纪80年代末期，全国的花茶生产重心由福建和江浙一带开始往横县转移之后。虽然横县并非茉莉花的原产地，但这里却有着茉莉花生长最合宜的环境。雨量充沛，日照充足，沙质壤土疏松肥厚，喜温、畏寒的茉莉花在这样的环境下生长，花蕾大，花色白，花香馥郁持久，而且花期更长。如今，横县茉莉花产量占全世界茉莉产量的60%。蓝天白云之下，花田里细小的白花如珠玉似繁星，花农头戴斗笠，身掮背篓，双手在花丛间一啄一起，极像一幅岁月静好的图画。

席慕蓉有首茉莉诗，说茉莉花开好像没有什么季节，在日里在夜里，时时放送清香。其实这是一种误解。茉莉花开是讲时节的，“南国幽花比并香，直从初夏到秋凉”；采花也讲究时候，茉莉花在夜晚吐香，已经开放的花朵，芳香油大部分已经自然散发，这样的花是要被花农放弃的；花农们采的是那些花蕾饱实、已经褪青转白正含苞待放的“当天花”，他们在晴天高温下摘取，夜晚来临，这些已经离枝的花朵就会慢慢绽放，吐露芬芳。

我到横县时正值“横县茉莉花节”，有饭店为着应景，推出茉莉花菜肴，做饺子、糕点，或者炒肉，炖汤。茉莉花瓣涩苦，香气过于浓郁，与其他食材总有点格格不入，难以融合，并非入肴的好材料。但把从茉莉中提取的精油做成芳香剂，已然在我们的日常生活中无处不在。

这个时候到横县，最妙的是每个房间都会送上一小碟茉莉花蕾。

高中时，学校图书馆外的花槽间种了一溜儿的茉莉，晚饭后和室友散步，总忍不住揪上几朵放在兜里或夹在书中，整堂晚自习都能嗅到幽幽的香，恰到好处。过一两日再想起，原本白得精神爽利的花朵已经萎黄，书页上留一痕浅黄发旧的印子，香早已逝了。

红椎菌

童话里的红精灵

文 冯翊明 图 邓昌平 插画 人五

红椎菌既是珍馐佳肴，又是保健强身的良药。这种纯天然野生菌，富含维生素B12等多种元素。有滋阴、补肾、润肺、活血、健脑、养颜等功效，营养丰富，经常食用，能强身健体、延年益寿。红椎菌营养丰富、气味芳香，护肤美颜，是纯天然女性保健品。据说以前的女子生下小孩后，只要吃了红椎菌，母体就得以恢复，婴孩也红润健康。在当地，家里有女人『坐月子』时，如果吃不上红菌煲猪脚，丈夫便会受到长辈责骂。

5月，我们到浦北时，离农历的端午节还有十多天。大家都担心来早了，白跑一趟。红椎菌每年出露地面四次，时间分别是农历端午、农历七月十四、农历八月十五、农历九月九前后。一旦错过，便难觅芳踪。

听说，这椎树下生长的红椎菌像童话一样美丽。在广西，椎树生长最多的地方是六万大山及其余脉。钦州市浦北县境内的五皇山是六万大山的支脉，这里距离北部湾100多公里，来自大海的潮湿空气越过六万大山的余脉，使这里成为最湿润的地方，植物种类繁多，森林覆盖率达到63%。

五皇山海拔最高处只有700米。山顶除了小草，几乎没有高大的植物。然而，海拔400米处的山腰，却生长着全国最大的连片原始次生天然椎树林。

小时候零食少，大部分零食是一些植物的果实，椎子是其中的一种。

椎子包在硬硬的壳里，长得有点像迁西板栗，但个头小，只比黄豆稍大，大家都叫它“米椎”。米椎不香，没有太多吃头。放锅里炕烤一下，多出点焦香，撒上盐花，味道稍好，但和炒花生没法比。

椎树分红椎和白椎两种。椎子是红椎树的果实。红椎树的树皮比较粗糙，材质坚实，耐磨，不易变形，不惹虫害，是造船和家具的上等材料。白椎树的树皮比较光滑，木质虽然坚硬，但易遭虫害，不耐用。

我们在县城一个老院子里等候当地的朋友来带路。院子里种了不少树，高大浓密，阳光从树叶间漏下来，影子被筛得细细的。树上啪啪掉下两只早夭的土杧果，果龄还短，只有红枣般大小，却有一股异香，是杧果香混杂了广玉兰的香味。

我从来没有闻过这样香味的杧果，递给朋友，他们也觉稀奇。广玉兰是桂南喜欢栽种的树种，也许是一只阅尽繁花的蜜蜂，停留在这棵杧果树之前，刚刚离开了一株广玉兰？思及此，竟有种感动，大自然相互间神秘的交往，总令人既疑惑，又喜欢。

据说木叶定村出产的红椎菌是品质最好的。从县城到木叶定村十多公里的路上，低矮的山包连绵不断，两两之间的平地被农民细心地开垦出来种上稻田。禾苗刚尺余高，正是青翠柔软的时候，风拂过处，远远望去，像一张轻软的绿毯，很想上去打个滚儿。

这个藏在五皇岭山区中的村子并不大，三十多户人家全都姓容，彼此间有牵牵扯扯的亲戚关系。村里有不少老屋，屋基用大块山石，墙体是青砖，在蓝天白云和绿树映衬下显得十分古朴。

日影向西，跟着村民上山，山就在那些老屋的背后，大概是因其低矮，得名低岭嘴。

村民平日里走惯山路，他们气定神闲地在前面走，我们却必须小跑才能勉强跟上。经过一个窄窄的山坳口，村民容家良指指坡上一朵白色的菌子。菌盖还未打开，个头圆小，表面有均匀的凹凸，像高尔夫球的缩小版，当地人不知道学名，叫它“假菇”。他们不采假菇，也不吃。但假菇的出现是一件令他们开心的事情。这白色的菌子就像是红椎菌的信使，它的出现意味着红椎菌季即将到来。而且，假菇多的年份，红椎菌也特别多。

红椎菌每年只出现四次，每次大约一周的时间。因为气候的缘故，红椎菌每年出露地面的时间不尽相同。遇上特别的气候，比如有的年份气温特别暖湿，农历三月中旬，椎树林里就已经冒出了朵朵红椎菌。但碰上天气暖得比较晚的年份，红椎菌也有可能农历七月才姗姗来迟。

红椎菌这看似毫无规律的生长似乎让人难以捉摸，不过，生活在椎林边的容家良们能从自然界的各种变化中收集信息——“黄皮果转黄成熟的时候，红椎菌就长出来了。”

天气也是信使。“快到季节的时候，闷热的天气后也容易长。”大雨过后闷热的天气，红椎菌最容易出露地面，如同下雨前浓厚的空气逼得鱼儿不得不蹿跳出水面来透口气。

假菇、黄皮果、红椎菌，自然界这些看似互不相干的植物之间，有着一种不为我们人类所知的秘密交流，生长于斯的村民们从自己平日的观察和经验里找到了它们之间的联系，这是一种靠山吃山的生存智慧。

椎树林里，落叶深厚，红椎菌没有冒出来的时候，你完全无法发现端倪。但是容家良凭着他丰富的经验，能知道红椎菌的准确位置。我们必须紧跟他的路线，以免一脚下去，误伤了还躲在叶层中的红椎菌。

“那！”容家良的手往左侧一指，我们睁大了眼，却什么也没发现。“两棵树的中间。”啊，看到啦看到啦！浅褐色的落叶层中，四五朵颜色红艳的小蘑菇，圆头圆脑，萌态十足，这分明就是童话书上小白兔扛在肩上的那一朵嘛！

相机、手机全出动，每一朵红椎菌面前，都趴着好几个人，大家兴奋得早已不顾仪态。一回头，看到村民们诧异又怜爱的笑容。等我们稍稍冷静，村民们才慢悠悠地说，这些红椎菌是少得不能再少的了。季节一到，红椎菌满山都是。尤其是农历七月十四那一波，山坡上一片红色，你甚至无处下脚。

“要是光这么几朵，我们靠什么吃饭啊。”

红椎菌像天赐之物，到时节了便采收，平日里，容家良们只需把椎林收拾干净，不令杂草丛生。全部活计都靠手工，不洒除草剂，他们愿意以自己辛苦的付出呵护这份老天爷的厚礼。

但是，红椎菌既像是老天爷给村民们的恩赐，也像是和他们打的一个与时间赛跑的赌。红椎菌的生长非常迅速，从冒出地面，到菌盖打开，只有短短几个小时。为了采到品质优良能卖出最好价钱的红椎菌，容家良们必须跑赢时间。在一到两个小时内把个头合适的红椎菌采完并送回家中的烤房。

采的时候，先左右轻摇，把菌子周围的泥土摇松，再把红椎菌拔出。这样采出来的红椎菌根部不沾带泥土，品质高，价钱好。更重要的是，只有这样，菌丝才不会被破坏，为了延续自然的馈赠，村民们从小就被长辈告知山林的规矩，他们谨守着这些规矩，并传给后代。

红椎菌生长在椎树下，每年有四个生长期，分别是农历端午节、七月十四、八月十五及重阳节前后。这些农民正在椎树林中采红椎菌，寻找大自然的馈赠。

在山上待了将近一个小时，下山途中，见证奇迹的时刻到了：原本上山经过的地方，只有厚厚的落叶，但往回走的时候，这些落叶间又已经冒出了好几朵红椎菌。

我们终于明白，为什么容家良们到了收获季节，每天必须家里、山上不断地来回跑，对付这样精力充沛的精灵食物，你得从时间的手里抢啊。

采到的一小袋红椎菌在晚饭时满足了我们的口腹之欲。

饭菜很简单，主角当然是红椎菌。干菌炖鸡汤，鲜采的红椎菌则一菜一汤。红椎菌肉片汤清香鲜甜，这种鲜味更多是出自红椎菌中所含的谷氨酸和天门冬氨酸，当然乡下自养的猪肉亦有贡献。

新鲜红椎菌肥厚多汁，清炒或炖煮都上佳。村民的烹饪方式很朴素，鲜菇切片，只下姜、酒、盐素炒。他们认为这种做法才能品尝到红椎菌鲜甜的滋味。

现杀土鸡，姜酒略腌后下汤锅炖煮，出锅前十分钟才加入泡发好的红椎菌，做出来的红椎菌汤营养丰富，也是红椎菌香气最浓郁的时候。在当地，红椎菌炖鸡汤作为女子生养后滋补品的做法，是从老祖宗那传下来的。

红椎菌纯天然、富含硒及多种营养元素，这些年来在市场上的价格不断攀升。但是，20多年的时间里，国内一些专家、学者花费巨资研究人工培植的方法，始终未获成功。

这些一脸萌样的小红蘑菇，美丽外表下是一颗倔强的不愿意被驯服的心。

在地球的许多角落，总有种类繁多的杰出物种，契合着时间和气候的节律，遵循自己生命的规程，自然萌生、繁育。这些倔强的生命让我们不得不对自然保有一份敬畏，并保持着清醒：在大自然面前，我们并非无所不能。红椎菌的迷人之处，或许正在于它带着野性与神秘的个性。

图书在版编目（CIP）数据

地道风物·广西 / 陈沂欢编著. — 北京 : 中信出版社, 2015.3 (2023.4重印)

ISBN 978-7-5086-5054-8

Ⅰ. ①地… Ⅱ. ①陈… Ⅲ. ①地方文化－广西 Ⅳ. ①G127.67

中国版本图书馆CIP数据核字(2015)第032690号

地道风物·广西

编 著 者：陈沂欢
策划推广：北京全景地理书业有限公司
出版发行：中信出版集团股份有限公司
（北京市朝阳区惠新东街甲4号富盛大厦2座　邮编　100029）
（CITIC Publishing Group）
承 印 者：北京华联印刷有限公司
制　　版：北京美光设计制版有限公司

开　　本：787mm × 1092mm　1/16　　印　　张：16.5　　字　　数：150千字
版　　次：2015年6月第1版　　印　　次：2023年4月第6次印刷
广告经营许可证：京朝工商广字第8087号
书　　号：ISBN 978-7-5086-5054-8/G.1181
定　　价：68.00 元

服务热线：010－84849555　　服务传真：010－84849000
投稿邮箱：author@citicpub.com